Kursbuch 187
Welt verändern

Climate Partner °
klimaneutral

Druck | ID: 11244-1608-1001

Das Kursbuch erscheint viermal im Jahr.
Das Heft kostet einzeln € 19,–
Das Jahresabo (4 Ausgaben) kostet € 60,–
Im Internet: https://kursbuch.online

Sven Murmann Verlagsgesellschaft mbH
Miramar-Haus, Schopenstehl 15, 20095 Hamburg
Tel. 0 40/39 80 83-0
V. i. S. d. P.: Peter Felixberger
© 2016 Sven Murmann Verlagsgesellschaft mbH, Hamburg

ISBN 978-3-946514-29-9
ISSN 0023-5652

Herstellung und Gestaltung: Murmann Publishers GmbH, Hamburg
Druck: Steinmeier GmbH & Co. KG, Deiningen
Printed in Germany

Zuschriften bitte per Mail an: kursbuch@kursbuch.online
Abonnenten-Service: abonnements@kursbuch.online
Pressevertrieb: PressUp GmbH, Wandsbeker Allee 1, 22041 Hamburg. www.pressup.de

Armin Nassehi
Editorial

Verändern ist ein transitives Verb, das heißt, es braucht ein Subjekt und ein Akkusativobjekt. Es muss also jemand verändern, und jemand muss etwas verändern. *Ich verändere* geht nicht. *Ich verändere die Welt* geht – oder besser: Es geht grammatikalisch, in echt geht's eher nicht, weil die Welt schon deshalb nicht wirklich verändert werden kann, weil alle Veränderung in der Welt stattfindet und damit Subjekt und Objekt in eins fallen. Wenigstens im Prinzip. Und genau deshalb – nein, nicht genau deshalb, aber immerhin: Immerhin kann man das transitive Verb »verändern« auch reflexiv gebrauchen. Man kann dann sagen: *Die Welt verändert sich.* Damit fallen Subjekt und Objekt wieder in eins – neutralisieren dabei aber das Subjekt in der Weise, dass die Zurechnung auf das Subjekt der Veränderung schwierig wird. Wer hat die Welt denn verändert, wenn die Welt sich verändert?

Wer das für eine Spitzfindigkeit hält, damit sich das Editorial füllt (da es am Ende geschrieben wird, gibt es aus der Produktion zumeist eine – unveränderliche! – Vorgabe für die Länge des Editorials) – wer das also für eine Spitzfindigkeit hält, liegt falsch. Denn mit der Transitivität (notwendiges Objekt) und der möglichen Reflexivität ist ein recht guter Problemaufriss für die Veränderung der Welt gegeben. Natürlich ist es fahrlässig, die Veränderung der ganzen Welt oder, wenn man so etwas überhaupt denken kann, ganzer Welten jemandem zurechnen zu wollen. Das würde dann schon in schöpfungstheologische Dimensionen führen. Aber nicht ganz so genau genommen besteht durchaus die Spannung zwischen der bloßen Transitivität der Veränderung – jemand ändert etwas – und der Reflexivität des sich verändernden Dings – etwas ändert sich, ohne dass man es jemandem wirklich eindeutig zurechnen kann. Das ist das Problem aller Revolutionäre, Sozialplaner, aller Führungskräfte – auch derer, die ihr eigenes Leben führen wollen und müssen –, all derer, die sich irgendwie mit ihren Verhältnissen auseinandersetzen (müssen) und Bedarf für anderes sehen. Wir greifen in eine Welt ein, die permanent beweglich ist und in sich selbst eingreift.

Überhaupt ist das Handeln, damit auch das Veränderungshandeln, eine allzu einfach gebaute Kategorie. Wer handelt, will etwas bewirken. Da aber auch andere handeln und da die Handlungen kompliziert ineinanderspielen und auch das zu verändernde Objekt sich bisweilen ganz anders verändert, als wir das gewollt haben, ist die Unterscheidung zwischen den beiden grammatikalischen Formen des Veränderns vertrackter, als es uns bisweilen lieb ist.

Die Beiträge dieses *Kursbuchs* oszillieren alle zwischen dem »Verändern« und dem »Sich-Verändern«. Birger P. Priddat erzählt, wie Märkte die Menschen verändern, obwohl ja die Menschen auf veränderten Märkten anders handeln als in anderen Märkten; Wolfgang Schröter rekonstruiert die Veränderungsdynamik des Geldes, die sich selbst mitverändert; Alfred Hackensberger begleitet einen jungen deutschen IS-Kämpfer, der die Welt verändern will, sich dabei selbst verändert und dann verschwindet – ganz ähnlich übrigens, wie der Schriftsteller Franz Stadler die Geschichte eines Rückzuges erzählt, eines Rückzuges aus dem Leben. Auch der Protagonist dieser Erzählung findet sich als Konsequenz eigenen Handelns, selbst induzierter Veränderungen, in einer Dynamik vor, die ihn weit transzendiert – und auslöscht.

Irmhild Saake beschreibt in ihrem Beitrag, wie sich mit der Durchsetzung von Symmetrien als dem großen Versprechen der Moderne geradezu Unsagbarkeiten einstellen – eine wirklich paradoxe Situation, denn die von ihr beschriebenen Symmetrisierungsprozesse kommen vor allem dadurch zustande, dass sich neue Sprecherpositionen etablieren, die freilich verstummen, wenn es zu schwierig wird. Geradezu komplementär dazu beschreibt Stephan Rammler, dass es an Narrationen fehlt, an »transformativem Storytelling«. Es geht ihm um die soziale Wirkungskraft des großen Wollens, also um die Frage, wie sich das Wollen wirkmächtig in ein Wirken übersetzen lässt. Auch hier also eine Diagnose des Verstummens. Gegen solches Verstummen richtet sich auch Hans Hütt. Sein biografischer Rückblick auf seine eigene frühe Auseinandersetzung mit Joseph Conrads *Herz der Finsternis* – in unterschiedlichen Veränderungsdimensionen: als biografischer Veränderungsgenerator, als ein Text, der den Blick des kolonialen Zentrums der Welt auf sich selbst verändert hat, auch ein Text, dessen unterschiedliche Interpretationsmöglichkeiten radikal auf Veränderungen verweisen. Von Hans Hütt stammt denn auch mein Lieblingssatz aus diesem *Kursbuch*: »Rigoros zu interpretieren heißt, die Welt zu verändern.«

Rigoros interpretiert Michael Lind die Veränderung der Debattenlage und die Selbstwahrnehmung der US-amerikanischen Gesellschaft. Er zeigt in seinem Beitrag auf, wie unmerklich sich die grundlegenden Konfliktlinien verschoben haben, deren Unmerklichkeit im derzeitigen Wahlkampf um die Nachfolge Barack Obamas gerade verschwindet.

Peter Felixberger und Evelin Schultheiß haben mit Günter Metzges-Diez gesprochen, einem der Gründer des Kampagnen-Netzwerkes Campact. Weltveränderung wird hier mit Kampagnenformen betrieben, die die Resonanzverstärker des Netzes und der dazugehörigen Medien verwenden. Es ist interessant, dass das Selbstbewusstsein des Kampagnenmachers, auf der richtigen Seite zu stehen, offensichtlich auch mit der Kampagnenform identifiziert wird. Auch hier: *The medium is the message?*

Dieses *Kursbuch*, das sich dem »Welt verändern« verschrieben hat, bietet, das sollte diese editoriale Beschreibung schon deutlich gemacht haben, weder Lösungen für Veränderungsstrategien an, noch mahnt es Veränderungen an oder rekonstruiert Veränderungsprozesse. Es geht in allen Beiträgen vielmehr genau um diese merkwürdige Gleichzeitigkeit des transitiven und des reflexiven Verwendungskontextes der prädikativen Form des Veränderns. Wie sehr sich all dies zwischen Tun und Widerfahrnis ereignet, bezeugen die Fotografien von Olaf Unverzart. Die Bilder seiner 100-jährigen Großmutter sind ein einziges Zeugnis des Veränderns – transitiv und reflexiv, vor allem aber sehr beeindruckend. Mich haben sie sprachlos gemacht.

Wir danken Jörg Hackeschmidt, der den Staffelstab der Briefe unserer Leser aufnimmt und die 15. Folge beisteuert.

Jörg Hackeschmidt
Brief eines Lesers (15)

Das neue *Kursbuch* verweigere Zeitgenossenschaft. Seine »programmatische Gelassenheit« sei letztlich problematisch, denn: »Wer lediglich auf Komplexität und Kompliziertheit, auf Krisenhaftigkeit und Unregierbarkeit verweist, bezahlt dies mit einem Verlust an Relevanz.« Also: Bitte mutiger, bitte eckiger, bitte mehr Einordnung und Analyse und weniger bloßes Beobachten. Offenbar haben sich die Herausgeber des *Kursbuches* die Kritik von Jens Bisky zu Herzen genommen, die er im ersten »Brief eines Lesers« geäußert hat – in der Nummer 171 mit dem wunderbaren Titel *Besser optimieren*, erschienen im Juni 2012. Die letzte Ausgabe, Nummer 186, trägt den schicken Titel *Rechts. Ausgrabungen* und positioniert sich klar und deutlich. Vermutlich aber nicht unbedingt so, wie es Jens Bisky vorschwebte.

Ton und Flughöhe dieser Ausgabe setzt *taz*-Redakteur Daniel Bax, der sich seit Jahren zum Thema Islam, Migration und »Rechte« äußert und gegen alle polemisiert, die er der »Islamkritik« für verdächtig hält. Man wird ihm nicht zu nahe treten, wenn man ihn als einen Wortführer des linken Justemilieu bezeichnet. Sein Beitrag mit dem Titel »Feindbild: Islam. Die rechten Retter des Abendlandes« ist eine Art Zusammenfassung eines Buches, das er vor ein paar Monaten publiziert hat. Und damit beginnt das Problem, denn eine »Ausgrabung«, welcher Art auch immer, hat Herr Bax nicht zu bieten. Für ihn ist der Islam lediglich eine Art Lackmustest. Zwischen Muslimen und Islam unterscheidet er nicht. Er erkennt auch keinen Unterschied zwischen deutschen AfD-Politikern, französischen Rechtspopulisten und Intellektuellen wie Hamed Abdel-Samad, Ayaan Hirsi Ali, Necla Kelek oder Leon de Winter. Alle machen sich des »antimuslimischen Rassismus« schuldig, alle sind »vermeintliche Islamexperten«, alle gehören einer großen Verschwörung an: der »Islamkritik-Industrie«. Klappe zu, Affe tot, Diskurs unterbunden. Der moralisierende Gestus ersetzt das Argument. Ein pauschaler Rassismusvorwurf wird mehrmals wiederholt, augenscheinlich, um möglichst viele Namen mit dem Bannstrahl des Gesinnungsrichters zu markieren: Ralph Giordano, Henryk M. Broder, Heinz Buschkowsky, Papst Benedikt XVI., Bischof Joachim Huber.

Nun ist es nicht so, dass der Leser nicht durchschaute, dass es Daniel Bax keineswegs um überraschende Zusammenhänge, um den Austausch von Argumenten oder überhaupt um Erkenntnis geht, sondern ausschließlich um Meinung; genauer gesagt führt er den immerwährenden Kampf um die sprichwörtliche Deutungshoheit, den alle Anhänger des italienischen Neo-Marxisten Antonio Gramsci seit jeher führen. Was zählt, ist Definitionsmacht: Worüber darf geredet werden – und worüber nicht. Delegitimierung, zum Beispiel durch die Verwendung des Attributs »vermeintlich« in Verbindung mit »Islamexperte«, ist ein bewährtes Mittel dieser moralisierenden, aber argumentationsfreien Paintball-Taktik, die unverhohlen dogmatisch und antiliberal auftritt. Trotzdem ist man immer wieder überrascht von der manichäischen Wut, die alle und jeden zu ideologischen Feinden erklärt, die die vorgegebenen diskursiven Spurstangen, gesetzt von den kleinen und großen Savonarolas des Justemilieu, ignorieren. Angemerkt sei an dieser Stelle, dass Liane Bednarz in ihrem Beitrag »Radikal bürgerlich« einen ähnlichen Weg wie Bax beschreitet und gleichermaßen argumentationsfrei mit ihrem politischen Paintball-Markierer durch die Diskurslandschaft der Republik schreitet.

Über die Neue Rechte ließe sich in der Tat viel schreiben und auch ausgraben. Der Publizist und Schriftsteller Marko Martin schrieb bereits Anfang Januar 2016 in einem knappen Essay für die *Welt*, dass die Möchtegern-Abendlandretter, Europas neue Autoritäre, mit Werten hausieren gehen, die sie täglich selbst verraten. Und er wies darauf hin, dass der Hauptfeind dieser vermeintlichen Traditionalisten der Liberalismus, die demokratische, tolerante Mitte ist. Was also nicht passieren darf, ist, dass unsere offene Gesellschaft bei jedem Problem, bei jeder neuen Herausforderung fragt, ob man überhaupt darüber sprechen darf; es könnte ja bestimmten Leuten politisch in die Hände spielen.

Im Übrigen ist der Streit um eine angemessene Auseinandersetzung mit der kulturell-gesellschaftlichen Anspruchshaltung des Islam alles andere als neu. Erinnert sei an die europaweit geführte Debatte über Multikulturalismus, Integration und Islam, die mit einem Essay von Pascal Bruckner auf dem Literaturblog Perlentaucher.de (und der englischen Schwester-Website signandsight.com) im Januar 2007 begann. Angezettelt hatte sie Perlentaucher-Chef Thierry Chervel und teilgenommen haben Intellektuelle, Wissenschaftler und Publizisten wie Ian Buruma, Timothy Garton Ash, Francis Fukuyama, Ulrike Ackermann, Adam Krseminski, Bassam Tibi und andere. Dokumentiert ist sie nicht nur im Netz, sondern auch ganz konventionell bei der Edition Suhrkamp unter dem Titel *Islam in Europa. Eine internationale Debatte* (hrsg. von Thierry Chervel und Anja Seeliger, 2007). Eine (erneute) Lektüre lohnt, denn ein echter Diskurs über das Aufeinandertreffen des Islam und des Toleranzgebots unserer Gesellschaften steht erst am Anfang und wird uns noch lange begleiten. Interessant wären eine Erweiterung des Denkraumes und eine Berücksichtigung von Einsichten, wie sie Verhaltensökonomen oder Spieltheoretiker zum Thema Migration, Integration und Religion beisteuern könnten.

Vor 24 Jahren veröffentlichte Hans Magnus Enzensberger, Gründer des *Kursbuches* und intellektueller Leuchtturm bis in unsere Tage, einen Essay in Buchform: *Die Große Wanderung. 33 Markierungen.* Enzensberger beklagte schon in der damaligen Migrationsdebatte den moralisierenden Gestus, »der an Selbstgerechtigkeit nichts zu wünschen übrigläßt«. Immigranten würden idealisiert, nach einem Schema, das an Philosemitismus erinnert. Doch wer Gesinnung als politische Lösung ausgibt, »ohne Rücksicht auf Realisierbarkeit«, mache sich unglaubwürdig und handlungsunfähig. Da nütze es auch nichts, zu glauben, »dass das widerspenstige Sein dem richtigen Bewusstsein schon parieren werde, wenn man den Leuten nur genügend einheizt«, wie »eine desorientierte Linke« offenbar nach wie vor glaube.

Armin Nassehi hat es zu seinem Markenzeichen gemacht, darauf hinzuweisen, dass links, rechts, progressiv und konservativ als politische Kategorien nicht mehr taugen. Jens Bisky merkte an, dass distanziertes Konstatieren auch so seine Nachteile hat. Das führt zu Jürgen Kaube, der für das *Kursbuch 178* in seinem »Brief eines Lesers« mit Blick auf eine gelungene Zeitdiagnostik anmahnt, »semantisch abzurüsten« und sich im Übrigen »auf sachdienliche Hinweise zu konzentrieren«. Was nicht heißt, in Zukunft keine neuen »Tiefenbohrungen« (Felixberger) zu versuchen. Im Gegenteil: *Kursbuch* verpflichtet.

Für eine versöhnliche Schlusslektüre sorgt schließlich ein alter Liberaler, John Stuart Mill, dessen eleganter Stil und, mehr noch, dessen stichhaltige Argumentation den Leser gleichzeitig beschwingt und demütig zurücklässt. Wie er den wahrhaft rassistischen Hochmut und die intellektuelle Schlichtheit von Thomas Carlyle in »Die Negerfrage« entblößt, der zu den einflussreichsten Meinungsbildnern im viktorianischen Großbritannien zählte, ist bemerkenswert. Ironietauglich ist es, dass Carlyle, ein berühmter Vertreter des sozialen Idealismus und tapferer Kämpfer gegen den Materialismus, der selbst von Friedrich Engels gerühmt wurde, sich so unumwunden als Apologet eines gnadenlosen Kolonialismus outet – und ausgerechnet von jemandem bloßgestellt wurde, der heute wohl unter »neoliberal« oder gar »rechts« abgeheftet würde.

Wo waren gleich noch einmal links und rechts?

Armin Nassehi
Die große Weltveränderung
Eine Collage in sieben Bildern

Erstes Bild: Veränderung ist unvermeidlich

Veränderung ist ein starker Imperativ. Veränderung ist ein unvermeidlicher Imperativ, meist gepaart mit der Idee, dass die Veränderung auf Verbesserung gerichtet ist. Der Blick in die Vergangenheit verheißt eine bessere Zukunft, weil die Vergangenheit den Maßstab für die Veränderung liefert und damit auch Verheißungen fürs Zukünftige. Bildungsverläufe, Produktzyklen, Problemlösungen aller Art reagieren auf und erzeugen Veränderungen. Nichts soll bleiben, wie es ist, bisweilen auch darum, damit manches bleiben kann, wie es ist. Veränderung ist der Normalfall der Welt, den einen zu schnell, den anderen zu langsam, aber allen plausibel. Aber eben: unvermeidlich.

Zweites Bild: Die Vermeidung von Veränderung

Es ist sicher keine Übertreibung, zu behaupten, dass der größte Teil der Menschheitsgeschichte davon geprägt war, Veränderungen zu vermeiden und dafür zu sorgen, dass die Dinge so bleiben, wie sie sind. Ohne dies hier systematisch zu entfalten, kann man etwa an Jan Assmanns Rekonstruktion der altägyptischen Gesellschaft denken. Selbstverständlich hat auch Altägypten Bewegung wahrgenommen, etwa die Bewegung der Sonne und der Gestirne ebenso wie die Bewegungen des Alltags und der weltlichen Ereignisse. Aber gerade in der rituellen Wiederholung der Bewegungen der Sonne im Sonnenkult wird letztlich eine stationäre Welt erzeugt, deren Perfektion darin besteht, dass Bewegung am Ende doch zur Permanenz hin strebt und, so Assmann, besonders in den Monumentalbauten dieser frühen Hochkultur zum Ausdruck kommt, als Verhältnis von »Stein und Zeit«.[1] Überhaupt haben die klassischen Hochkulturen sich mit großen metaphysischen Entwürfen der Permanenz gegen die physischen Plagen der Veränderung gewehrt. Im europäischen Denken kommt das sicher im Platonismus am ehesten zum Ausdruck. Die Vergänglichkeit des Seienden und die Bewegungen in der Welt sind für Platon, wie man im *Timaios* (38a) nachlesen kann, keineswegs Anlass dafür, eine sich verändernde Welt anzunehmen. Die vom uneigentlichen Wandel der Welt getrennte Sphäre des Unwandelbaren ist semantischer Ausdruck einer Welt, die sich letztlich nicht dem Imperativ der Veränderung unterwirft, sondern Veränderung möglichst entdramatisieren wollte. Aristoteles konnte die Bewegung der Welt nur auf einen unbewegten Beweger zurückführen.

Erst mit der Idee der Heilsgeschichte des jüdischen und christlichen Denkens kam so etwas wie Beweglichkeit in die Welt, als Heilsgeschichte freilich kein innerweltliches Veränderungsprinzip. Erst mit der Neuzeit und langsamer, als wir uns heute vorstellen können, hat sich mit der Emanzipation des Neuen in Spezialbereichen der Gesellschaft ein Sensus für Veränderung, und zwar für gewollte Veränderung durchgesetzt. Das *Neue* in Wissenschaft, Wirtschaft, Pädagogik, Politik, im Künstlerischen und sogar im Religiösen wird unmerklich zum eigentlichen Ziel von Wissenschaft, Wirtschaft, Pädagogik, Politik, Kunst und sogar der Religion. Die Welt begann modern zu werden und erzeugte eine Veränderungsdynamik.

Schon im späten Mittelalter wird der Begriff »modern« benutzt, um ein zeitliches Verhältnis zu beschreiben. Die Unterscheidung zwischen den *antiqui* und den *moderni* dient etwa dazu, sich theologisch von den Kirchenvätern oder den Juden des Alten Testaments abzusetzen. *Modernus* war bis dahin nur ein Ausdruck für das Heutige, das Gegenwärtige, ohne dass damit eine weitere qualitative Dimension angesprochen wäre. Später kommt der Begriff des Modernen dann vor allem in

Diskursen der Renaissance vor, in denen es um das zeitliche und qualitative Verhältnis zur Antike geht. Besonders bedeutsam für den Begriffsgebrauch war die »Querelle des Anciens et des Modernes«, ein literarischer Streit in Frankreich gegen Ende des 17. Jahrhunderts, in dem es ebenfalls um die Frage des qualitativen Verhältnisses von antiker und »moderner« Dichtung ging.[2] Zunächst als reiner Zeitbegriff verstanden, wandelte sich der Begriff des Modernen in der Querelle zu einem Begriff, der eine »neue Zeit« bezeichnet, oder, wie Reinhart Koselleck schreibt, »nämlich neu zu sein in dem Sinne des ganz Anderen, gar Besseren gegenüber der Vorzeit. Dann indiziert die neue Zeit neue Erfahrungen, die so zuvor noch nie gemacht worden seien, er gewinnt eine neue Emphase, die dem Neuen einen epochalen Zeitcharakter beimißt.«[3] Wenn es etwa bei Michel de Montaigne noch vorsichtig heißt: »Eine Wahrheit ist nicht deshalb vernünftiger, weil sie alt ist«[4], heißt es bei Francis Bacon schon: »Das günstige Vorurtheil für die Alten ist aber ganz grundlos und steht fast mit dem Worte selbst in Widerspruch. Denn es gebührt dem spätern mündigern Alter der Welt, also unsern und nicht jenen jüngern Zeiten, worin die sogenannten Alten lebten, der Name des Alterthums. Jene Zeit ist in Rücksicht auf die unsrige zwar älter, aber in Rücksicht der Welt selbst jünger.«[5] Während bei Montaigne Epochen noch prinzipiell und potenziell gleich gut und gleich schlecht sein können, was sich schon von der Heilsgeschichte der göttlichen *kairoi* wie von der Begeisterung der Renaissance für die Antike absetzt, wird Wahrheit bei Bacon verzeitlicht: Die Abfolge der Epochen ist ein Reifungsprozess von der jungen Antike zur älteren Gegenwart, wobei die Geschichte selbst als Mutter der Wahrheit betrachtet wird. Bacon nennt »die Wahrheit eine Tochter der Zeit, nicht des Ansehns«[6]. Hier beginnt dann die Idee der Zukunftsorientierung, des Immer-Mehr und Immer-Besser der Moderne und damit die Unvermeidlichkeit der Veränderung – zunächst tatsächlich noch als Fortschrittsglaube an eine bessere, später dann als Risikobewusstsein einer unsicheren Zukunft.[7]

Drittes Bild: Evolution vs. Planung

Planung ist eine Idee davon, was geschehen soll. Evolution ist das, was geschieht. Beides findet in konkreten Gegenwarten statt, und beides verändert die Welt. Wer die Welt planend verändern will, muss in einer gegenwärtigen Gegenwart eine Idee einer zukünftigen Gegenwart haben, zugleich auch eine Idee davon, wie man die zukünftige Gegenwart erreichen kann. Planung muss also in der Lage sein, mithilfe von erklärbaren Kriterien, nachvollziehbaren Rationalitäten und verfügbaren Ressourcen die Zukunft so zu binden, dass die erwünschte Wirkung erzielt werden kann. Übrigens entscheidet sich die Güte von Planung zunächst in der planenden Gegenwart, denn wer plant, muss jetzt überzeugen, also glaubhaft machen, dass die Dinge sich so entwickeln, wie man es erwartet, wenn bestimmte Mittel eingesetzt werden. Man muss jetzt die Berechnungsgrundlagen plausibel machen, jetzt in der Lage sein, Gefolgschaft für Planungen zu bekommen oder finanzielle Mittel dafür zu akquirieren. Planungen sind paradoxe Veranstaltungen, weil sie etwas wissen müssen, was man nicht wissen kann. Das heißt übrigens nicht, dass man nicht planen kann. Die Formel lautet vielmehr: Je komplexer, also je uneindeutiger, je weniger monokausal eine Situation ist, desto schwieriger dürfte Planung sein.

In den Reflexionstheorien des Planens hat man sich deshalb inzwischen von strikten Kausalitäten und Eindeutigkeiten auf Szenarien verlegt.[8] Szenarien gehen stets davon aus, dass sich aus einer bestimmten Situation mehrere unterschiedliche Folgen ergeben können. Das Unerfreuliche am Kausalitätsschema ist nämlich, dass es nur im Nachhinein funktioniert. Wir kennen das aus der Forschung über große technische Systemunfälle. Man kann im Nachhinein fast immer ziemlich genau kausal rekonstruieren, warum ein Atomkraftwerk havariert, ein Flugzeug abstürzt, ein Börsenkurs crasht oder ein Flughafenbau nicht fertig wird. Aber aus den Elementen solcher Systeme lässt sich eben nicht im Vorhinein bestimmen, welche Art von Störung beziehungsweise ob überhaupt eine Störung auftaucht. In Szenarien zu denken ist natürlich ein selektives Geschehen, weil man auch nur jene Szenarien in den Blick nehmen kann, auf die man vorher kommt oder die auf bestimmte Parameter reagieren, aber letztlich hat man schon auf die Idee der Kausalität und der strikten Planung verzichtet, wenn man Szenarien überhaupt in Erwägung zieht. Die Planungseuphorie in der Mitte des letzten Jahrhunderts hat jedenfalls nicht aus theoretischen oder akademischen Gründen Schaden gelitten, sondern schlicht deswegen, weil sich beim Versuch, die Welt planend zu verändern, ganz andere Veränderungen eingestellt haben.

Man musste also beginnen, mit Evolution zu rechnen, das heißt nicht nur damit, was man will, sondern vor allem damit, was tatsächlich geschieht. Als grundlegende evolutionäre Mechanismen gelten *Variation* und *Selektion*. Dieses Modell hat Donald T. Campbell für die soziokulturelle Evolution um eine dritte Kategorie erweitert, die *Restabilisierung* nämlich.[9] Campbell war es vor allem darum zu tun, neben der Variation und Selektion auch den Mechanismus der (Re-)Integration des Neuen in ein System beschreibbar zu machen. Ein erfolgreicher Evolutionsschritt ist erst dann erfolgt, wenn das Neue so auf Dauer gestellt werden kann, dass seine Struktur gesichert bleibt, etwa durch Institutionen oder andere Formen der Stabilisierung von Erwartungen. Einfacher gesagt: wenn sich die Welt durch Restabilisierung verändert hat. Evolution ist ein blindes Geschehen, das sich in Echtzeit, gegenwartsbasiert, unmerklich ereignet. Und das ist eine der Grunderfahrungen unserer Zeit: dass sich die Dinge evolutionär verändern, ohne dass die Ergebnisse so jemals geplant oder gewollt wurden.

Die Ergebnisse von Planungen werden deshalb oftmals durch Evolution eingeholt, vielleicht sogar konterkariert oder gewendet. Man weiß dann am Ende nicht mehr, ob sich die Welt selbst geändert hat oder ob jemand sie verändert hat. Beides, so muss man freilich sagen, gehört zur soziokulturellen Evolution.

Viertes Bild: Die Trägheit der Masse

Wie kann man offenkundig unerwünschte Praktiken verändern? Denken wir an alltägliche Phänomene: das Paar, das immer wieder in die gleichen Streitigkeiten und Konflikte gerät; das eigene Essverhalten, das dem Körpergewicht nicht guttut; der unangemessene Fahrstil im Straßenverkehr; die Neigung, beim Arbeiten den eigenen Schreibtisch in ein Schlachtfeld zu verwandeln; die Dokumentation von Informationen zum Weitergebrauch (etwa Einträge in den Kalender) usw. Es handelt sich bei alldem um relativ leicht überschaubare Störungen, für deren Bewältigung genügend Wissen zur Verfügung steht: Man kann in einer Partnerschaft wissen, welche Sätze man nicht sagen sollte – und tut es doch; man weiß, was, wie und wie viel man essen müsste, um lästiges Gewicht loszuwerden – und hält sich doch nicht daran; man weiß genau, wie man zu schnelles Fahren vermeiden kann – und tut es doch nicht; man weiß genau, dass man am Schreibtisch die Dinge nach Gebrauch wieder an seinen Platz legen muss – und lässt doch alles liegen; man weiß genau, dass der eben vereinbarte Termin mit großer Wahrscheinlichkeit verloren geht, wenn man ihn nicht gleich in den papiernen oder elektronischen Kalender einträgt, usw. Die Beispiele sind ebenso simpel wie beliebig. Sie verweisen aber darauf, wie schwierig es ist, Praktiken, die sich einmal etabliert haben, wieder loszuwerden. Zu glauben, dass bloßes Wissen ausreicht, um sich, sein Verhalten oder die Welt zu verändern, ist naiv. In evolutionstheoretischen Begriffen gesprochen, verfangen wir uns stets in den institutionalisierten Restabilisierungen, die hinter unserem Rücken gelten und wirken – mächtiger als unsere Beteuerungen, mächtiger als unser Wissen, sogar mächtiger als unsere Intentionen.

Das Bild der *Trägheit der Masse* passt deshalb gut, weil mit der Massenträgheit Bewegungsrichtungen, Pfadabhängigkeiten und Wahrscheinlichkeiten vorgegeben sind, die fast nur indirekt zu verändern sind. Hier stoßen wir wieder auf die Unterscheidung von Evolution und Planung. Wahrscheinlich wird man solche Pfade nur los, wenn man der Evolution unter die Arme greift und Variations- und Selektionsmöglichkeiten erhöht, um dann auf Restabilisierungen zu hoffen. Veränderungen müssen listig angegangen werden, listig in dem Sinne, dass man ihnen eine Chance geben muss, sich von den Intentionen der Beteiligten unabhängig zu machen. Wenn sich die Dinge bewähren, kommen die Intentionen schon hinterher.

Die Beispiele waren Alltagsbeispiele für Restabilisierungen, in denen wir gefangen sind und die zu verändern schwierig ist. Wir leben also, um im Bilde zu bleiben, nicht in einer leibnizschen *prästabilierten Harmonie*, sondern in einer *restabilierten Harmonie*, deren unsichtbare Macht man nicht unterschätzen darf. Paradox ist dann, dass es offenbar nicht möglich ist, Veränderung durch Aufklärung anzuregen, sondern eher umgekehrt: Aufklärung durch Veränderung. Das ist ein pädagogischer Gedanke: Verhältnisse einzurichten, in denen sich anderes Verhalten so bewähren kann, dass es sich normalisiert. Deshalb sind Veränderungsprozesse auch nicht zu demokratisieren oder zu rationalisieren – es gehört immer ein Stück Führung, Asymmetrie und listige Strategie dazu. Am Ende muss es dann die Evolution richten. Die Kunst wäre also geplante Evolution? So weit kann man nicht gehen, aber das ist die Richtung, in die gedacht werden muss.

Fünftes Bild: Die Unerreichbarkeit der Welt/Gesellschaft

Der Begriffsgebrauch, die *Welt* zu verändern, ist fahrlässig. Veränderungen kann es nur *in der Welt* geben – und man muss dabei die Welt voraussetzen. Beliebt sind die Veränderungshebel, die gesamte Welt oder Gesellschaft wie ein Objekt verändern zu wollen oder aber auf Einsicht in die Notwendigkeit bestimmter Verhaltensänderungen zu setzen. An anderer Stelle habe ich das Erste mit eher linken Veränderungsideen und dem Motiv der Gesellschaftskritik verknüpft, das Zweite mit dem eher konservativen Gedanken der bürgerlichen Selbsteinschränkung, also der Versöhnung von Wollen und Sollen.[10] Beide jedenfalls stoßen auf die Veränderungsverweigerung einer Gesellschaft, deren Evolution einen nie gekannten Variantenreichtum erlaubt – Varianten von Lebensformen, kulturellen Möglichkeiten, Pluralität, Uneindeutigkeit, Abweichungsverstärkungen usw. Die Gesellschaft kennt aber auch die brutale Stabilität mancher ihrer evolutionär restabilisierten Grundcodierungen und Logiken, die Veränderungsmöglichkeiten geradezu korrumpieren. So kann man eine andere Wirtschaft wollen – stößt aber auf die Brutalität, dass ökonomisch nur geht, was sich ökonomisch rechnet; man kann Politik verändern wollen – stößt aber auf innere Notwendigkeiten, dass es nicht nur um andere Lösungen geht, sondern auch um ihre Durchsetzbarkeit vor einem politischen Publikum; man kann rechtlich mehr Gerechtigkeit wollen – stößt aber auf das Problem, dass das entscheidungs- und verfahrensbasiert geschehen muss; man kann eine andere Bildung wollen – stößt dann aber auf das grundlegende Technologiedefizit aller Pädagogik; man kann eine andere Gesellschaft wollen – und ist doch immer in derselben schon gefangen. Wir leiden unter der Erfahrung, dass die Gesellschaft, ja die Welt sich selbst verändert, während wir sie verändern wollen – und unter der Erfahrung, dass sich viele Routinen der Welt schlicht nicht um unsere Veränderungsbemühungen kümmern. Diese Kränkung kompensieren wir wohl damit, dass Veränderungsabsichten oder Veränderungsimperative gerne mit moralischen und pathetischen Verstärkern dargereicht werden.

Sechstes Bild: Change Management

Eines der wichtigsten sozialen Gebilde der modernen Gesellschaft sind Organisationen: Es gibt in der Moderne keine Ökonomie ohne Unternehmen, Banken und Börsen, keine Wissenschaft ohne Forschungsinstitute und Universitäten, keine Bildung ohne Schulen, keine Politik ohne staatliche Organisationen, kein Recht ohne Gerichte, Staatsanwaltschaften, Kanzleien, keine Religion ohne Kirchen, keine Medien ohne Verlage, TV-Sender und Redaktionen usw. Fast alles, was mit Folgen geschieht, geschieht in und durch Organisationen. Organisationen organisieren Komplexität und Arbeitsteilung, sie reproduzieren sich durch Selbstfestlegungen und Entscheidungen, sie können relativ klare Mitgliedschaftsbedingungen festlegen. Sie stemmen sich gegen Veränderungen.

Auch deshalb hatten Organisationen immer schon eine schlechte Presse. Als »Bürokratie« standen sie für schwerfälliges Wiederholen des immer Gleichen; sie standen im Ruf, dass es ihnen ziemlich egal ist, was organisiert wird, wenn es nur gut organisiert wird; sie standen im Verdacht, Menschen nach anonymen Kriterien zu behandeln; sie galten als Instrumente, aus kreativen Menschen Fließbandbediener, Stempelstempler und entfremdete Korinthenkacker zu machen. Max Webers »Fachmenschen ohne Geist« oder Frederick Winslow Taylors »scientific management« hört man hier buchstäblich mitschwingen – und profitiert doch davon, dass Prozesse fast somnambul wiederholbar sind, dass man als Kunde oder Antragsteller anonym bleiben kann und dass es in Organisationen Leute gibt, die sich stupend an Regeln halten und nicht groß nachfragen. Das Eigentümliche an Organisationen ist, dass ihre Schwächen und ihre Stärken aus dem gleichen Holz geschnitzt sind. Sie stellen Muster auf Dauer, haben ausgeprägtere Erinnerungsleistungen als ihre Mitglieder und lassen sich bisweilen schwer irritieren – und wo dies die Lösung für vielfältige Probleme ist, wird daraus bisweilen das Problem selbst.

Aber: Gerade weil Organisationen die Funktion haben, sich gegen allzu schnelle Veränderungen zu wappnen, kann man sie verändern!

An der gegenwärtigen Diskussion um den Wissenschaftsstandort Deutschland etwa lässt sich das gut beobachten. Die stupende (und bisweilen stupide) Rede von der Exzellenz der Forschung, der Relevanz der Lehre, der Investigation von Fragen und der Implementation von Lösungen ist die eine Seite. Die andere Seite ist die, dass die Reformprozesse nichts mit Fragen nach Exzellenz und Relevanz im engeren Sinne zu tun haben, *sondern nur mit ihrer Organisation.* Es ist die Rede von neuen Führungskonzepten; Fakultäten sollen hinter thematischen Zentren verschwinden; die Einzelforschung soll sich großen Clustern fügen; der Bologna-Prozess organisiert Studiengänge so, wie es jeder Karikatur einer kafkaesken Zwangsverwaltung zur Ehre gereichen würde; und alles wird stets und immer wieder effizient und nach wiederholbaren Mustern bewertet, evaluiert, zielvereinbarungskompatibel dokumentiert und entsprechend inszeniert.

Exzellenz scheint ein Organisationsproblem zu sein. Wenn man die Großberater von Universitäten so reden hört, kann man sehr schön beobachten, welche Sätze ausdrücklich vermieden werden. Allerlei Fakultäten, sowieso die geistes- und kulturwissenschaftlichen, sind dann »falsch aufgestellt«, wie es immer wieder heißt.

Vermieden wird dagegen offensichtlich die Frage, was denn bessere Forschung und Lehre wäre, wie sich das Denken und Tun von Wissenschaftlern tatsächlich verbessern ließe – und was denn »besser« eigentlich heißt. Und wer sich in solchen Organisationen aufhält, wird gerne dagegen protestieren, wie wenig es dabei um das Eigentliche geht: ums Forschen und Lehren, um Themen und Aufgaben usw. Man müsste sich freilich den Aufstand vorstellen, der sich einstellen würde, wenn es wirklich um diese Fragen ginge. Stattdessen stellen wir uns immer wieder neu auf. Wir fusionieren und verkoppeln; wir differenzieren und entkoppeln; wir machen Studienleistungen von Sizilien bis zum Nordkap Punkt für Punkt kompatibel und führen interne und externe Bewertungs- und Komparationsparameter ein, die ja nicht messen, was da ist, sondern provozieren, was sich dann messen lässt.

Vielleicht reicht diese oberflächliche Beschreibung aus dem universitären Bereich schon, um zu verstehen, warum sich die moderne Gesellschaft (hier in Form ihrer Wissenschaft) zwar nicht wirksam und direkt verändern lässt, dafür aber ihre Organisationen – was eine ganze Change-Management-Industrie ermöglicht, die wahrscheinlich deshalb so gut bezahlt wird, damit man die Diskrepanz zwischen dem Organisierbaren und dem Unorganisierbaren nicht sehen muss.

Siebtes Bild: Der Segen des Unorganisierbaren

Wenn wir etwas geplant verändern, verändern wir meistens durch Entscheidung von Organisationen. Das heißt: Verändert wird das Organisierbare, zumeist Strukturen, Zuständigkeiten, Arbeitsteilung, Geldflüsse, Ressourcenaufteilung usw. Davon kann das Nichtorganisierbare verschont bleiben, wenn es gut läuft.[11] Ob an Universitäten gut gelehrt wird, ob die Ärztin den Patienten versteht, ob der Priester dem verzweifelten Gläubigen wirklich hilft, ob der Richter Augenmaß hat, ob der Politiker auf eine gute Idee kommt oder der Lehrer seine Schülerinnen und Schüler erreicht – all das kann sich weitgehend nur praktisch, nur von selbst verändern und entzieht sich dem Zugriff der Organisationsentscheidung. Selbst in den autoritärsten Systemen, selbst mit den dümmsten Führungskräften und selbst mit den beklopptesten Change-Beratern lässt sich nicht verhindern, dass sich das Unorganisierbare selbst an die Gegebenheiten anpasst und verändert – bisweilen ungestört von den Veränderungsmanagern mit den großen Sätzen und den großen Tagessätzen. Es gibt einen Segen des Unorganisierbaren.

Es gibt aber auch einen Segen der Organisation, die Biotope ermöglicht, in denen getan werden kann, was getan werden muss. Vielleicht ist das die Quintessenz des Veränderungsthemas: dass es nur mit List und Tücke, mit indirekten Strategien und mit einem wirklich klugen Können geht, will man tatsächlich etwas verändern. Ansonsten ist beruhigend, wie wenig sich die Welt um unsere Veränderungsabsichten schert und sich unmerklich selbst verändert. Liberal und plural können Gesellschaften jedenfalls nur sein, indem sie darauf verzichten, alles veränderungsbereit organisieren zu wollen – exakt deshalb haben autoritäre Ideologien von rechts und links ganze Gesellschaften stets mit Organisationen verwechseln wollen.

Anmerkungen

1 Vgl. Jan Assmann: »Stein und Zeit. Das ›monumentale‹ Gedächtnis der altägyptischen Kultur«. In: Jan Assmann, Tonio Holscher (Hrsg.): *Kultur und Gedächtnis*. Frankfurt am Main 1988, S. 97–114.

2 Vgl. Hans Ulrich Gumbrecht: »Art. Modern, Modernität, Moderne«. In: Otto Brunner et al. (Hrsg.): *Geschichtliche Grundbegriffe*, Bd. 4. Stuttgart 1978, S. 93–131.

3 Reinhart Koselleck: »Das achtzehnte Jahrhundert als Beginn der Neuzeit« In: Reinhart Herzog, Reinhart Koselleck (Hrsg.): *Epochenschwelle und Epochenbewusstsein*. München 1987, S. 269–282, hier S. 271.

4 Michel de Montaigne: *Die Essais*. Stuttgart 1969, S. 365.

5 Francis Bacon: *Neues Organ der Wissenschaften*. Darmstadt 1974, S. 62.

6 Ebd. S. 63.

7 Vgl. dazu Armin Nassehi: *Die Zeit der Gesellschaft. Auf dem Weg zu einer soziologischen Theorie der Zeit*. Wiesbaden 2008, S. 237 ff.

8 Vgl. Hannah Kosow, Robert Gaßner: *Methoden der Zukunfts- und Szenarioanalyse*. Berlin 2008.

9 Donald T. Campbell: »Variation and Selective Retention in Socio-Cultural Evolution«. In: Herbert Barringer et al. (Hrsg.): *Social Change in Developing Areas*. Cambridge 1965, S. 19–49.

10 Vgl. dazu Armin Nassehi: *Die letzte Stunde der Wahrheit. Warum rechts und links keine Alternativen mehr sind und Gesellschaft ganz anders beschrieben werden muss*. Hamburg 2015.

11 Ich habe diesen Gedanken einmal am Beispiel von Kirchenreformen durchgespielt, Armin Nassehi: »Die Organisation des Unorganisierbaren. Warum sich Kirche so leicht, religiöse Praxis aber so schwer verändern lässt«. In: Isolde Karle (Hrsg.): *Kirchenreform. Interdisziplinäre Perspektiven*. Leipzig 2009, S. 199–218.

Stephan Rammler
Schiffe bauen
Über die Kunst, Zukunft anders zu erzählen

»Salzwasser in der Tennishalle! Ja, das ist ärgerlich, aber nasse Füße sind
noch lang nicht das Ende der Welt. Die Leute freuen sich immer zu früh
auf den Untergang, wie Selbstmörder, die ein Alibi suchen, und dabei ver-
lieren sie dann die Übersicht und die Nerven. Wer ertrinkt schon gern, noch
dazu bei minus zwei Grad? Dass das Urteil der Passagiere im Augenblick
der Gefahr nicht so maßvoll ausfällt, wie das wünschenswert wäre, na ja!«

(Hans Magnus Enzensberger, *Der Untergang der Titanic*, 1978)

Dieses ist ein Text über das »Wollen« in einer Zeit des großen »Müssens«. In der Politik ist stets und ständig von alternativlosen Entscheidungen die Rede. Wir *müssen* uns so und können uns nicht anders
entscheiden! Ist es nicht die Bestimmung von Politik, Alternativen auf-
zuzeigen und zur Entscheidung zu bringen? In der Wirtschaft ist
Wachstum nach wie vor die oberste Maxime. Wir *müssen* weiterwach-
sen, um den Herausforderungen gewachsen zu sein! War es nicht Jahrtausende so, dass Entwicklung auch mit einem geringen Wachstum
möglich war? Von der Wissenschaft werden Nachhaltigkeitsimpera-
tive wie das »Zwei-Grad-Ziel« und die postcarbone Gesellschaft formuliert. Wir *müssen* eine große Transformation herbeiführen! Ist es
die Aufgabe von Wissenschaft, gesellschaftspolitische Ziele zu formulieren? In einer Zeit, in der mit Blick auf die mannigfaltige Unbill unserer Zeit immer lauter dem großen Müssen das Wort geredet wird,
könnte der freie Wille zur Zukunft Gefahr laufen, alsbald abgeschafft
zu werden.

Zwischen Apokalypse und Utopie

Über dem öffentlichen Diskurs liegt heute, je nach Neigung, ein Geruch von Weltenbrand, der Hautgout einer morschen, fauligen Zivilisation, immer aber ein Hauch von Apokalyptik und Welterrettungspathos, mit dem das große Müssen gerechtfertigt werden soll – in der Finanzkrise, Wachstumskrise, Umweltkrise, Energiekrise, die es jeweils zu bewältigen gilt. Man lese dieses, wenn noch Apokalypsebedarf besteht, an anderer Stelle nach. Nun ist das »Weltverändern«, erst recht das »Weltretten« heute ein schwieriges Geschäft. Ungeachtet der Tatsache, dass die Weltrettung angesichts der eindrücklichen empirischen Beweisfülle dringlicher wäre als jemals zuvor in der Geschichte, bleibt eine gemeinsame Rettungsanstrengung aus. Für diese riskante Verhaltensweise gibt es mindestens drei Begründungen: Zum Ersten gibt es eine evolutionsbiologische Erklärung. Sie besagt, dass wir evolutionär darauf getrimmt sind, nur auf unmittelbar drohende Gefahren zu reagieren, zum Beispiel auf den Löwen oder den Bären, die uns töten wollen. Eine abstrakte, deswegen aber nicht weniger riskante Zukunft löst demgegenüber deutlich weniger Handlungsimpulse aus. Hinzu kommt zum Zweiten, dass wir täuschenden Gewöhnungseffekten unterliegen. Diese Gewöhnungseffekte bezeichnet die Sozialpsychologie als Phänomen der »Shifting Baselines«. Dieses besagt Folgendes: Weil wir Teil der Geschichte sind, sind wir so schlecht in der Lage, zu erkennen, welche umfassenden Veränderungen um uns herum geschehen, denn wir gewöhnen uns schlicht daran. Die Wahrnehmungen und Interpretationen unserer Lebenswelt verschieben sich unmerklich mit der sich ebenfalls verändernden Wirklichkeit. Wir gewöhnen uns also beispielsweise an die Tatsache massiv zunehmender Schlechtwetterereignisse, wir gewöhnen uns an die verloren gehende Artenvielfalt und wir finden es schließlich wider jede Vernunft irgendwann auch normal, dass die Bundeswehr unsere Freiheit am Hindukusch verteidigt, während dies nur einer Generation vor uns schlichtweg undenkbar erschien. Ist ein Problem drittens nun allerdings so sichtbar oder wissenschaftlich gut begründet, dass es eigentlich nicht mehr ignoriert werden kann, so reagieren Menschen gerne mit kognitiver Dissonanz, also mit Abspaltung und Problemverneinung. Auch bei enormer Problemevidenz beginnen sie dann nicht, zu handeln, um den Zustand zu verändern, sondern sie beginnen sich anzupassen.

In dieser Situation wird auch die apokalyptische Rede nicht viel weiterhelfen und zum Handeln motivieren. Sie bleibt heute ein zahnloser Tiger, weil der Weltuntergang gewissermaßen habituell geworden ist: in unserer Wahrnehmung des täglichen Weltgeschehens, in den Warnungen informierter Zeitgenossen, als Weltzustand per se. Die Endzeit ist Alltag, die Katastrophe eine säkularisierte Erscheinung, und die alltägliche Gewöhnung macht aus der apokalyptischen Rede, dieser mit der Utopie wahlverwandten, einst scharfen und oft zweischneidigen Waffe von Visionären und Utopisten, ein doppelt stumpfes Schwert. Zweischneidig deshalb, weil die Siege der einst mit messianischem Pathos vorgebrachten Menschheitsträume, wie Enzensberger in seinen »Zwei Randbemerkungen zum Weltuntergang«[1] treffend zu bedenken gibt, von ihren Niederlagen mitunter schwer zu unterscheiden sind, was jedes sich der Apokalypse bedienende Pathos heute zu Recht suspekt macht. Doppelt stumpf, weil neben der Apokalypse damit eben auch die Erlösung versprechenden Menschenträume systematisch verdächtig geworden sind. Das ist die Ironie der Rettung der Welt in den Zeiten ihres schlimmsten Zustands.

Trotz dieser Einwände kreisen die hier versammelten Gedanken mit aller begründeten Vorsicht um die soziale Wirkungskraft des großen Wollens: der konkreten Utopie. Wo die lähmende Routine des Weltuntergangs nicht genügend inneren Schub erzeugt, um zum Handeln zu kommen, so der Gedanke, vermögen vielleicht die Bilder einer anderen, einer positiven Zukunft verlocken, den Weg von der Vorstellung zur Änderung des Verhaltens und schließlich zur sozialen Bewegung zu beschreiten und politisch zu werden. Erneut gibt der kluge Enzensberger warnend zu bedenken, dass wir, wenn wir politisch handeln, meist nicht das erreichen, was wir uns vorgesetzt haben, sondern etwas ganz anderes, das wir uns nicht einmal vorzustellen vermögen. Tatsächlich? Muss das immer so sein? Haben wir es neben dem Versagen der Apokalypse auch mit der Krise der positiven Utopien, der »Eutopien« zu tun?

Sollte man es aufgeben, sich Zukunft und zukunftsbezogene Politik überhaupt auszumalen und also, wenn überhaupt, allein noch dem verantwortungsbewussten und zugleich demütigen und respektvollen Pragmatismus einer Politik der kleinen Schritte das Wort reden? Weil wir die Gesetze der Geschichte nicht kennen, weil die gesellschaftliche Evolution kein Subjekt kennt und deshalb unvorhersehbar ist? Die Antwort ist, wie alles, was die Weltrettung angeht, kompliziert, ist Ja und Nein. Ja, weil Warnungen dieser Art aus den Erfahrungen der Geschichte heraus ernst zu nehmen sind. Ja, weil die Haltung des Pragmatismus immer der Weg der ersten Wahl sein kann, also einer Haltung des experimentellen Ausprobierens von Spielräumen, die uns die vorgefundene Welt bietet, ohne diese Welt sofort in Gänze ändern zu müssen und zu können – und eben eine Änderung in eben diesen kleinen Schritten suchend, sich vortastend voranzutreiben. Nein, weil die Tatsache, dass das Verfolgen von Menschheitsträumen einer zukünftig besseren Welt oft in einer letztendlich schlechteren Gegenwart mündete, nicht beweist, dass dieses immer der Fall sein muss. Nein schließlich auch, weil die gescheiterten Menschheitsträume der Vergangenheit auf eine schlichte Ausweitung von Möglichkeitsräumen – meist im Sinne von materiellem Wachstum – zielten, während es heute und in Zukunft wohl darum geht, Lebensqualität, gelingendes Leben, Frieden, Zivilisation, was immer das im Einzelnen auch heißen mag, innerhalb klar definierter Grenzen von Ressourcen- und Naturverbrauch weltweit gerecht zu organisieren. Vorstellungen einer innerhalb dieses Rahmens des Erwartbaren positiv zu nennenden Zukunft haben womöglich per se ein ungleich geringeres messianisches Potenzial der Verblendung und Verirrung.

Um keine Zweifel aufkommen zu lassen: Ich glaube daran, dass eine große gesellschaftliche Veränderung nötig ist, ob man sie jetzt als Transformation bezeichnet, als Umbau, Neubau, Paradigmenwechsel, wie auch immer. Ich bin sogar der Meinung, dass wir uns inmitten einer solchen Veränderung befinden. Nur glaube ich nicht daran, dass eine solche Transformation geplant, verordnet, gesteuert, deklariert, ja letzten Endes mit Verweis auf die vernünftige Einsicht in die Notwendigkeit der Abwehr drohender Gefahren »gemusst« werden kann. Im Gegenteil: Ich glaube, dass es heute im Kern darum geht, der kollektiven Negativtrance des apokalyptischen Müssens ein gemeinsames visionäres Wollen entgegenzusetzen. Ich hoffe auf die bewegende Kraft kollektiver Bilder und deren subjektiver Widerspiegelungen, an die Visionen, Geschichten und Sehnsuchtsbilder einer anders gelingenden Zukunft, in denen sich individuelle wie gesellschaftliche Such- und Veränderungsbewegungen zum Ausdruck bringen und mit denen sie sich zugleich selbst vorantreiben kann.

Erinnert sei in diesem Zusammenhang an die im Titel aufgegriffene berühmte, vielleicht auch etwas abgenutzte, aber deshalb nicht minder schöne und gültige Formulierung von Antoine de Saint-Exupéry, »wer ein Schiff bauen wolle«, der trommle nicht Männer zusammen, um Holz zu beschaffen, Aufgaben zu vergeben und die Arbeit einzuteilen, »sondern lehre die Männer die Sehnsucht nach dem weiten, endlosen Meer«.[2] Die Kunst, Schiffe zu bauen, kommt in dieser Lesart also weniger in der Fähigkeit zu effektiver und effizienter Planung, Technik und Organisation zum Ausdruck, wiewohl es ohne diese auch nicht ginge. Die Kunst liegt vielmehr in der Erschaffung eines starken gemeinsamen Willens, das Meer zu erkunden und die einmal entflammte Sehnsucht nach Veränderung zu stillen. Um das Erzählen und die Erzählbarkeit, die Macht und die Grenzen der Bilder und Geschichten, die diese Sehnsucht transportieren, geht es im Folgenden.

»Die Sehnsucht nach dem Meer«: Zur motivierenden Funktion von zukunftsbezogenen Narrativen

»Wir können die Zukunft nicht vorhersagen, aber wir können sie gestalten«, lautet eine Maxime der Zukunftsarbeit, die unter anderem auf die emanzipatorische, aktivierende und beteiligungsorientierte Futurologie etwa von Robert Jungk zurückgeht. Wie können wir heute mit Blick auf morgen handeln? Wo soll sich die Gesellschaft in zehn Jahren, in 20 Jahren, in 50 Jahren, in 100 Jahren befinden? Welche »Leitbilder« benötigen wir dafür und wie können wir zu diesen Ideen kommen? Transformation kann in erster Annäherung bestimmt werden als der Versuch, ungewünschte und ungesteuerte Entwicklungen und Zustände durch weitreichende Veränderungen im tiefenstrukturellen Setting moderner Gesellschaften dauerhaft in erwünschte Entwicklungen und Zustände umzulenken. Der Kraft unserer Vorstellungen von Zukunft kommt bei diesem Anliegen möglicherweise eine besondere Bedeutung zu. Wenn Zukunftsvorstellungen als wichtige Elemente im Prozess der gesellschaftlichen Konstruktion von Wirklichkeit verstanden werden, wie in Engführung mit der von Gereon Uerz[3] in seiner fulminanten Arbeit über die Sozial- und Wirkungsgeschichte des zukunftsbezogenen Denkens ausgeführten Leitthese auch hier angenommen wird, so hat dieses entscheidende Auswirkungen auch für die Gestaltbarkeit der Gegenwart.

Der Mensch ist wahrscheinlich das einzige Wesen, das in der Lage ist, zukunftsorientiert zu denken und sich gedanklich im Modus des Futur II – »des ich werde getan haben und gewesen sein« – zu operieren. »Durch seine auf die Ferne gerichteten Organe und seine Fähigkeit zu verzögerten Reaktionen lebt der Einzelne in der Zukunft und kann sein Leben im Hinblick auf diese Zukunft planen.«[4] Diese Fähigkeit zur Antizipation ist folgenreich in jeder Hinsicht. Sie macht die menschliche Spezies so erfolgreich und in vielerlei Hinsicht überlegen und sie ist dort, wo sie ihre Grenzen hat, problematisch. Denn natürlich kann Zukunft nicht mit letzter Sicherheit gewusst werden, weil sie nicht vorherbestimmt ist. Insofern ist das Zukünftige ein steter Stachel des Unvorhersehbaren, des Riskanten, der Sorge und deswegen in letzter Instanz eine individual- wie sozialpsychologisch verunsichernde Größe. Daher rührt das die Geschichte des Menschen begleitende Bedürfnis nach Reduktion von Kontingenz, angefangen beim Orakel von Delphi über den eschatologischen Offenbarungsglauben der großen Weltreligionen bis hin zu den Prognosen und Szenarien der modernen, heute oft kommerziellen Zukunftsforschung. Weil wir wissen, dass vieles von dem, was zukünftig sein wird, von Entscheidungen abhängt, die wir jetzt zu treffen haben, wollen wir – um die richtigen Entscheidungen zu treffen – Zukunftstrends so gut wie möglich erkennen, um Risiken minimieren zu können. An diesem Dispositiv des Zukünftigen ändert auch die Tatsache nichts, dass in der heutigen Gesellschaft viel mehr als je zuvor von Entscheidungen abhängt, »die schon getroffen worden sind und nicht mehr revidiert werden können«, so Niklas Luhmann.[5]

Eine Kontingenz reduzierende Funktion können auch zukunftsbezogene Erzählungen haben. Sie stiften Sinn als Leitbilder, als Visionen und schließlich auch dort, wo sie über den Umweg der Apokalypse – Unheil und Heil, Angst und Hoffnung miteinander verschränkend – unmittelbar auf die wahlverwandte Utopie verweisen, denn »ohne Katastrophe kein Millennium, ohne Apokalypse kein Paradies«.[6] Im narrativen Pingpong von Dystopie und Utopie spiegelt sich das fortwährend historische Wechselspiel zwischen dem Bewusstsein einer als unbefriedigend erlebten Gegenwart und dem Willen zu ihrer Überwindung und Verbesserung. »Indem sie die Wahrnehmung und Deutung von Gegenwart mitstrukturieren, Handlungsplanungen beeinflussen und Handlungsimpulse setzen sowie sinnstiftend und gemeinschaftsbildend wirken können«, sind zukunftsbezogene Narrationen also nicht nur Produkte, sondern auch Faktoren im Prozess der gesellschaftlichen Konstruktion der Wirklichkeit und können als Modus der gesellschaftlichen Selbstlenkung oder Selbststeuerung verstanden werden.[7] Zukunftsnarrative haben dabei eine leitbildhafte Orientierungsfunktion, indem sich Akteure in ihren Wahrnehmungen und Kommunikationen auf einen gemeinsamen Horizont beziehen.[8] Sie finden sich zusammen, um im Abglanz der Utopie gemeinsam an der Produktion oder aber der Abwendung einer projizierten Zukunft zu arbeiten.

Die Frage, welcher Vorstellung von Zukunft nachgehangen wird, hat dabei entscheidende Auswirkungen auf die Wahrnehmung und Deutung von Gegenwart, insofern diese von ihrem erwarteten weiteren Verlauf her beurteilt wird. So wie psychologisch betrachtet erwartete Zustände einen signifikanten Einfluss nicht nur auf das subjektive Erleben der Gegenwart haben, sondern über physiologische Prozesse tatsächlich auch im Sinne sich selbst erfüllender Vorannahmen wirken, wie von der psychosomatischen Medizin an den unterschiedlichsten Wirkmechanismen eindrucksvoll nachgewiesen (zum Beispiel Placeboeffekt, Resilienzforschung, Angststörungen), könnte dieser Mechanismus in gewisser Weise auch für Kollektive gelten. These ist dabei, dass die konkrete Vorstellbarkeit positiv-konstruktiver Leitbilder und Visionen – insbesondere im Hinblick auf das eigene individuelle Alltagsleben – ein ungleich größeres Mobilisierungspotenzial sowohl für individuelle Handlungsbereitschaft als auch die allgemeine Akzeptanzsteigerung von stark wirksamen politischen Maßnahmen – etwa zum Klimaschutz – zur Folge hat, als der heute in weiten Teilen der Bevölkerung vorherrschende Krisendiskurs. Gestützt wird die These zur Bedeutung solcher positiver Zukunftsbilder von einer gehirnphysiologischen Studie, deren Ergebnisse in der Zeitschrift *Nature Neuroscience* im Jahr 2011 veröffentlicht wurde. Demnach verändern 80 Prozent aller Menschen ihre eigene Erwartung der Zukunft nur dann, wenn die neuen Informationen zu einem optimistischen Zukunftsbild führen.[9] Das menschliche Gehirn scheint darauf programmiert, einem positiven Zukunftsbild zu folgen. Womöglich erklärt dies die frühe Grundannahme der utopischen Tradition, dass der Verlockung des Besseren eine weit größere Motivationskraft innewohnt als der paralysierenden Bedrohung. In diesem »eutopischen« Sinne leitbildhafte und motivierende Bilder und Erzählungen können entgegen dem dystopischen Mainstream den »Möglichkeitssinn« – so der schöne Begriff

Robert Musils[10] – entstehen lassen, den wir brauchen, um uns mit der Kraft und dem Pragmatismus unseres »Wirklichkeitssinns«[11] auf große Veränderungen unseres Lebensstils einzulassen, sie im bestmöglichen Fall aktiv voranzutreiben.

Transformation durch narrative Zukunftskommunikation

Der umwelt-, energie- und klimapolitische Diskurs in Deutschland ist heute gespalten. Während ein großer Teil der deutschen Bevölkerung wegen anwachsender Umweltprobleme nicht oder nur wenig beunruhigt ist, ist ein zunehmender Teil in einer Art Negativtrance katastrophisch-dystopischer Angstszenarien gefangen. Politik und verantwortlich empfindende Bürger handeln heute noch überwiegend aus der »Push-Perspektive« einer möglichst zu vermeidenden Krise, nicht jedoch aus der »Pull-Perspektive« der lebendigen Vorstellung einer tatsächlich machbaren und wünschenswerten zukünftigen Lebenswirklichkeit heraus.

Die nachhaltigkeitsorientierte Gesellschaftspolitik – hier verstanden als die Gesamtheit der umwelt-, ressourcen- und klimapolitischen Strategien und Aktivitäten von Politik, Unternehmen und Bürgern – steckt deswegen in einer Sackgasse. Einerseits erschafft die Wissenschaft ein immer genaueres und auch drastischeres Bild von den Mechanismen und Folgen der Wirk- und Problemzusammenhänge anthropogener Umweltzerstörungen und den eigentlich notwendigen strategischen und instrumentellen Antworten darauf, andererseits gelingt es trotz immer besseren Wissens nicht, eine den tatsächlichen Problemdimensionen angemessene Politikoption zu entwickeln und umzusetzen. Vor allem gelingt es nicht, der Bevölkerung ein Grundgefühl der Verantwortlichkeit und der Machbarkeit zu vermitteln und neben der staatlichen Politik besonders den einzelnen Bürger als verantwortlich handlungsfähigen Akteur und Marktteilnehmer zu profilieren.

Dabei wäre dies aber in doppelter Hinsicht notwendig: Zum einen ist eine den heutigen Herausforderungen angemessene gesellschaftliche

Reaktion nicht mehr ohne die fundamentale qualitative Veränderung privater Lebensstile denkbar. Zum anderen sind das Bewusstsein für die grundsätzliche Machbarkeit und die individuelle Bereitschaft zu einer sozialökologischen Transformation in einer demokratischen Gesellschaft zentrale Voraussetzung für die politische Legitimität starker und wirksamer Strategien staatlicher Transformationspolitik. Anders gesagt: Die Politik weiß heute in vielen Bereichen recht genau, wie sie zu handeln hätte, kann dieses aber nicht umsetzen beziehungsweise nur unter Inkaufnahme des Risikos politischen Machtverlustes angesichts einer Wahlbevölkerung, die die Notwendigkeit einer Transformation entweder nicht einsieht oder aber bereits so tief in einer lähmenden kulturpessimistischen Negativtrance apokalyptischer Zukunftsangst und Hoffnungslosigkeit gefangen ist, dass ihr der finale und wenn noch möglich maximal lustvolle Ritt auf dem Vulkan allemal attraktiver erscheint als substanzielle Bemühungen und Lebensstiländerungen. Diese fatale Mischung aus grundsätzlicher Problemeinsicht, Ratlosigkeit, falschen Hoffnungen, totalen Problemnegationen, relativierenden Problemverschiebungen, der Beharrungskraft von Verhaltensroutinen und Wertorientierungen und schließlich schlichten privaten Egoismen bestimmt heute weite Teile des ökologiepolitischen Diskurses und schmälert damit die Handlungsfähigkeit von Politik im Hinblick auf die Legitimität ihrer Maßnahmen und von Unternehmen im Hinblick auf die Zahlungsbereitschaft für zukunftsfähige Produkte ganz enorm.

Dieser Problemaufriss mündet deswegen im Desiderat einer narrativen Zukunftskommunikation, die die bisherige, rein problembezogene Risikokommunikation ersetzt und die es mit Erzählungen eines gelingenden Wandels schafft, den musilschen »Möglichkeitssinn« im Sinne eines übergreifenden Konsenses und einer gesellschaftsweiten Innovationsmentalität in Bezug auf die Nachhaltigkeitstransformation zu erzeugen. Viel mehr als die etablierten Politikoptionen brauchen wir heute Impulse für die Macht unserer Fantasie, denn diese geht der Politik voraus. Die Schwierigkeiten eines geforderten Wandels beginnen immer an den Grenzen der Vorstellbarkeit. Sie beginnen bei der Notwendigkeit, das Neue zu denken und sich aus seinen Gewohnheiten und Routinen zunächst mental zu befreien. Erst diesem Schritt werden dann später überhaupt veränderte Handlungsweisen folgen können. Bislang fehlen uns Bilder, positive Visionen und Geschichten einer anderen, gelingenden Kultur. Es fehlt das innere Bild eines neuen Kontinentes, zu dem wir uns hinwenden können, und es fehlt eine Landkarte des Hinwegs. So ein inneres Bild, wie es in den »Amerikafahrern des Kopfes«[12] lebendig war, lange bevor sie tatsächlich aufbrachen, um in der Neuen Welt ein besseres Leben zu finden. Erst diese uns anleitenden, Kräfte bündelnden und motivierenden Bilder und Erzählungen einer besseren Welt könnten helfen, den Möglichkeitssinn entstehen zu lassen, den wir brauchen, um uns auf wirklich tiefe Veränderungen einzulassen und uns den einen Heuhaufen attraktiver erscheinen zu lassen als den anderen, und Buridans bockenden Esel Menschheit[13] also eine Entscheidung ermöglichen.

Der französische Narrationsforscher Christian Salmon[14] sieht in den USA und in Europa Anzeichen für einen »narrativist turn«, einen Paradigmenwechsel vom rationalen Argumentieren zum emotional berührenden Erzählen. Vor dem oben beschriebenen Hintergrund, dass die Grenzen rationaler Argumentation nirgends deutlicher werden als an der Lücke zwischen Wissen und Tun im Bereich zukunftsfähigen Verhaltens, spricht einiges dafür, an diesem allgemeinen Paradigmenwechsel anzuschließen und auch in der Zukunftskommunikation auf die bislang vor allem kommerziell instrumentalisierte Technik des »Storytelling« zu setzen.

Transformatives Storytelling

Wie kommen wir nun zu überzeugenden Bildern einer gelingenden Transformation, welche Formate sind heute angemessen, wie können sie kommuniziert werden?

Erstens: Die »Eutopie« einer anders gelingenden, nachhaltigen Gesellschaft ist aus heutiger Sicht nicht übermäßig wahrscheinlich, sondern nur als prinzipiell mögliche Entwicklungsvariante denkbar, die eine vielfältige und komplexe Transformation von Politik, Wirtschaft, Technologie und Lebensstilen voraussetzt. Deswegen fällt es so schwer, Antworten auf die Frage nach Topografie des Zukunftsbildes einer solchen Gesellschaft zu geben. Gleichwohl ist es immerhin überhaupt machbar, weil quantitative Anforderungen und qualitative Gestaltungskriterien nachhaltiger Entwicklung nach fast fünf Jahrzehnten Nachhaltigkeitsdiskurs die Richtlinien und Leitmarken einer nachhaltigen Gesellschaft zumindest grob vorgeben. Noch sehr viel schwieriger ist es nun jedoch, den *Weg* zu einer solchen nachhaltigen Gesellschaft *hin* zu beschreiben. Sozialisiert im goldenen Käfig der Abhängigkeiten, Gewohnheiten, kognitiven Muster, Institutionen, Interessen, Machtverhältnisse und Infrastrukturen der Gegenwartsgesellschaft erscheint es uns womöglich kaum nachvollziehbar, mitunter vorderhand lächerlich, naiv und als suspekte Spinnerei, wenn mögliche Transformationsszenarien formuliert werden, die aus den oben genannten Gründen keinen oder kaum einen Ankerpunkt in der Gegenwart finden. Deswegen besteht die Hauptanforderung bei der Formulierung von Narrativen einer nachhaltigen Zukunft vor allem darin, sie in der Beschreibung ihrer *Genese* aus den Entwicklungsbarrieren der realen Welt halbwegs plausibel herauszulösen. Das Science-Fiction-Genre darf sich dabei bei den unvorhergesehenen und eher unwahrscheinlichen Großereignissen, den sogenannten »Wild Cards«, bedienen. Diese haben die Funktion, die – im positiven Sinne strukturfunktionalen und stabilisierenden, wie im negativen Sinne Entwicklung behindernden – Strukturen und Barrieren des Gegenwärtigen in der großen Krise und Zuspitzung eines

Kometeneinschlags, eines Vulkanausbruchs, einer Eiszeit oder eines globalen Blackouts einfach wegzuwischen und damit Platz für das (hoffentlich bessere) Neue zu schaffen. Transformatives Storytelling des Entstehens einer strukturell nachhaltigen Gesellschaft darf sich dieser Stilmittel nur sehr bedingt und vorsichtig bedienen, denn die große manichäische Krise, der Endkampf, der grandios inszenierte Untergang der Welt, wie wir sie kennen, ist ebenfalls nicht wahrscheinlich.

Zweitens: Zukunftsbilder gelingender Transformation sollten narrativ und emotional anschlussfähig, hinreichend konkret und detailreich, konstruktiv und positiv, dabei aber nicht unrealistisch sein. Beispielsweise macht es einen enormen Unterschied, ob in abstrakten Szenariostudien zur zukünftigen Energieversorgung mit Zahlen, Tabellen und anderen abstrakten Größen argumentiert wird, dass es möglich sein könnte, Deutschland mehr oder weniger umfassend mit regenerativer Energie zu versorgen, oder ob versucht wird, mithilfe narrativer Szenarien zu beschreiben, was diese Form der Energieversorgung für das alltägliche Leben der Konsumenten ganz konkret bedeutet. Gleiches gilt für die Mobilität und den Tourismus, für die landwirtschaftliche Produktion oder unsere Ernährungskultur. Es ist eine Übersetzungsleistung in die Lebenswelt, die narrative Alltagsszenarien in dieser Weise erbringen können. Aus der Innovationsforschung ist bekannt, dass Nutzer ihre Hemmungen und Vorbehalte gegenüber einer neuen Technologie meist sehr schnell ablegen, wenn sie in direkten Kontakt mit den Artefakten treten. So ist es zum Beispiel empirisch sehr gut nachgewiesen, dass eine signifikante Akzeptanzsteigerung gegenüber dem Elektroauto eintritt, wenn Nutzer direkte Erfahrungen machen und erleben können, welche Unterschiede, aber auch welche Ähnlichkeiten gegenüber der ihnen bekannten Fahrzeugtechnik bestehen. Gleichwohl die bekannten Einschränkungen der Elektrofahrzeuge unverändert weiter bestehen, lernen die Nutzer, dass diese Einschränkungen für ihre Lebenspraxis und Mobilitätsqualität oft kaum nennenswerte Verluste mit sich bringen, die durch die Vorteile oft sogar gut überkompensiert werden, oder sie lernen, mit der strukturellen

Fremdheit der Technologie gegenüber ihren etablierten Nutzungsroutinen zu leben, und verändern ihre Gewohnheiten und mentalen Muster sukzessive. Ursprünglich als Defizite empfundene Eigenschaften werden in diesem Prozess umgedeutet und irgendwann nicht mehr als defizitär wahrgenommen. Es ist die grundlegende Strategie des strategischen Nischenmanagements in der Technologiepolitik, auf diese Weise soziale Erfahrungsräume für innovative Technologien zu schaffen. Diese Erfahrungsräume sind nun nichts anderes als eine Art »Lebensweltlichmachung«, wie sie auch konkrete Alltagsszenarien in Annäherung erzeugen können. Visionäre Alltagsszenarien sind in diesem Sinne virtuelle soziale Erfahrungsräume. Natürlich sind Alltagsszenarien, beispielsweise einer zukunftsfähigen Energie- und Mobilitätskultur, weniger greifbar als ein unmittelbar nutzbares Produkt, andererseits sind sie ungleich konkreter als abstrakte Szenarioaussagen oder politische Programmatiken. Die Lehre, die sich daraus ziehen lässt, ist die, dass die Kunst beim Erzeugen solcher Alltagsszenarien darin liegt, eine hinreichende Anschlussfähigkeit an die tägliche Lebenspraxis der Adressaten mit detailreichen zukunftsweisenden Beschreibungen zu verknüpfen, dabei realistisch zu bleiben und eben nicht fantastisch zu argumentieren, so als ob das Paradies auf Erden unmittelbar bevorstünde. Im Wechselspiel von Vision und Gegenwärtigkeit gilt es, eine emotionale Vertrautheit mit dem Zukünftigen zu erzeugen, die Bereitschaft anzuregen, selbst in dieses Wechselspiel einzutreten, auszuprobieren, gedanklich durchzuspielen und schließlich in einen stetigen experimentellen Grundmodus subjektiver Zukunftsoffenheit einzutreten. Eine solche konkrete und detailreiche »Lebensweltlichmachung« gelingt paradoxerweise in den bekannten Dystopien von Orwells *1984* bis hin zu McCarthys *Die Straße* oft sehr gut, während positiv-utopische Varianten literarischer oder cineastischer Erzählungen einer gelingenden Transformation der fossil-industriekapitalistischen Kultur weitaus seltener sind. Eine große Ausnahme bildet bis heute der Roman *Ökotopia* von Ernest Callenbach aus dem Jahr 1975, welcher trotz offenkundiger literarisch-ästhetischer Schwächen eine überaus starke leitbildhafte Funktion für die amerikanische und besonders die deutsche Umweltbewegung entwickeln konnte.[15] Dabei zeichnete sich dieser Roman insbesondere durch die detaillierten und sehr konkreten Beschreibungen des alltäglichen Lebens in einem fiktiven ökologischen Idealstaat an der amerikanischen Westküste aus. Mit Callenbachs Roman deutet sich ein Umschlag in der Geschichte der utopischen Literatur an. Er entwirft nicht mehr eine als Warnung zu verstehende Anti-Utopie, sondern schildert eine Welt, die als Spiegelbild innovativer Ideen betrachtet werden und als deren gemeinsamen Nenner man die umfassende gesellschaftliche Transformation verstehen kann.

Drittens: Es gilt, die Grundregeln des spannenden Erzählens einzuhalten. Nun ist die romanhafte, an klassischen Regeln der spannenden Darstellung und der Dramaturgie ausgerichtete Variante der Erzählung nicht die einzige Form der Zukunftsnarration, gleichwohl sie vielfältige Möglichkeiten bietet, Emotionalität, Konkretion, Detailreichtum und Reflexivität mit einem Spannungsbogen zu verbinden und in die Tradition des narrativen Grundrepertoires der Moderne immer wieder plausibel einzubinden. Ob Erzählungen, Kurzgeschichten, Drehbücher, Bühnenstücke und Inszenierungen, Comics, interaktive Computerspiele, Werbestrategien oder Internetkampagnen – insgesamt liegt hier noch ein offenes Feld des Experimentierens vor uns, neue Formen der konsistenten inhaltlichen Darstellung und Kommunikation von Alltagsszenarien mit unterschiedlichen Anteilen und Mischungen von Aspekten wie zeitlicher Reichweite, thematischer Fokussierung oder gesellschaftstheoretischer Reflexivität für unterschiedliche Themenfelder und Zielgruppen zu entwickeln.

Fazit: »Wer Visionen hat, soll zum Arzt gehen!?«

Inmitten einer Kultur, die das Erzählen bislang kaum anders als zur Beschreibung individueller und gesellschaftlicher Brüche verwendet, mag die hier vorgetragene Argumentation naiv erscheinen, unrealistisch und unzulässig zweckoptimistisch. Wer Visionen hat, möge bitte zum Arzt gehen, heißt es außerdem noch immer. Das war jedoch schon zu Zeiten von Helmut Schmidt, der dieses Verdikt in die Welt setzte, nur grandios gepoltert. Ist nicht im Gegenteil gerade in unseren Tagen die verrückteste, der Behandlung bedürftigste Vision von allen die Vorstellung, genau so weitermachen zu können wie bislang? Heute braucht es weniger einen Wettbewerb der besten Krisenanalysen und Untergangsszenarien als der besten Geschichten einer gelingenden Zukunft. Der humanistische Visionär Richard Buckminster Fuller war der Meinung, die beste Art, die Zukunft vorherzusagen, sei, sie selbst zu erschaffen. Der erste Schritt dahin ist, sie anders zu erzählen.

Anmerkungen

1 Hans Magnus Enzensberger: »Zwei Randbemerkungen zum Weltuntergang«. In: ders.: *Politische Brosamen*. Frankfurt am Main 1985, S. 225 ff.

2 Antoine de Saint-Exupéry: *Die Stadt in der Wüste*. Düsseldorf 1969.

3 Gereon Uerz: *Übermorgen. Zukunftsvorstellungen als Elemente der gesellschaftlichen Konstruktion der Wirklichkeit*. München 2006.

4 George Herbert Mead: *Geist, Identität und Gesellschaft aus der Sicht des Sozialbehaviorismus*. Frankfurt am Main 1968 [1934], S. 138, zit. nach Uerz, 2006.

5 Wolfgang Hagen: *Was tun, Herr Luhmann? Vorletzte Gespräche mit Niklas Luhmann*. Berlin 2009.

6 Enzensberger, 1985.

7 Uerz, 2006.

8 Meinolf Dierkes, Ute Hoffman, Lutz Marz: *Leitbild und Technik. Zur Entstehung und Steuerung technischer Innovationen*. Berlin 1992.

9 Tali Sharot, Christoph W. Korn, Raymond J. Dolan: »How unrealistic optimism is maintained in the face of reality«. In: *Natural Neuroscience* 11/14, 2011, S. 1475–1479.

10 Robert Musil: *Der Mann ohne Eigenschaften*. 2 Bde. Reinbek 1994, Bd. 1, S. 16.

11 Ebd.

12 Martin Burckhardt: *Metamorphosen von Raum und Zeit. Eine Geschichte der Wahrnehmung.* Frankfurt am Main, New York 1997, S. 158 ff.

13 Andreas Zielke: »Schlimmer als Buridans Esel. Klimapolitik: Radikaler Wandel für Wohlstandsbürger?« In: *Süddeutsche Zeitung* vom 20.11.2009, S. 11.

14 Christian Salmon: *Storytelling. Bewitching the Modern Mind.* London, New York 2010.

15 Jost Hermand: *Grüne Utopien in Deutschland. Zur Geschichte des ökologischen Bewußtseins.* Frankfurt am Main 1991, S. 171.

Michael Lind

Im Namen des weißen Mannes
USA und Europa im Gleichschritt von Spaltung
und Veränderung

Phänomene wie die Nominierung für die amerikanischen Präsidentschaftswahlen, die der Milliardär und Reality-TV-Star Donald Trump
den Republikanern abgenötigt hat, oder der Aufstieg nationalistischer
und populistischer Parteien in Europa oder die hart umkämpfte »Brexit«-
Initiative in Großbritannien – so wenig sie scheinbar miteinander zu tun
haben, sind sie doch alle das Ergebnis von langfristigen demografischen,
ökonomischen und sozialen Trends, die sich im Wandel politischer
Strukturen widerspiegeln. Auf beiden Seiten des Nordatlantiks unter-
höhlt dieser gesellschaftliche Wandel die über Jahrzehnte hin zusam-
mengewachsenen politischen Ordnungen und kombiniert sie in ihren
Komponenten auf überraschende Weise neu. Die drei wichtigsten gesellschaftlichen Trends sind demografischer, kultureller und ökonomischer Art.

Der bedeutsamste demografische Trend ist der der sinkenden Geburtenraten in entwickelten Ländern, Raten, die nicht ausreichen, um
die Bevölkerung in der nächsten Generation zu reproduzieren. 2015
lag die Gesamtfertilitätsrate der Vereinigten Staaten bei 1,87 und damit zwar höher als in Deutschland mit 1,44, aber immer noch unter
Reproduktionsniveau. Das heißt, sie war zu niedrig, um die Bevölke-
rungszahl ohne Einwanderung konstant zu halten.

Der bedeutsamste kulturelle Trend ist die rückläufige Religiosität
und gleichzeitig zunehmende Säkularisierung der Gesellschaft im transatlantischen Westen. Kirchenbesuch und religiöser Glaube sind in Eu-

ropa schon seit Langem auf dem Rückzug, die amerikanische G
schaft zeigt sich zwar insgesamt noch stärker religiös, wird aber immer
mehr »europäisiert«, das heißt säkularisiert. Zu den am wenigsten
religiösen Amerikanern zählen heute die zwischen 1981 und 1996 geborenen sogenannten »Millennials«. Laut einer Umfrage der Gospel
Coalition ist jeder Vierte von ihnen konfessionslos, und nicht einmal
jeder Zehnte betrachtet Religion als etwas, das für sein Leben wichtig ist.

Der bedeutsamste ökonomische Trend ist die Aufspaltung der Volkswirtschaften in den »Sektor handelbarer« und den »Sektor nicht handelbarer Güter«. Der Sektor handelbarer Güter umfasst Waren und Dienstleistungen, die exportiert werden können – also Industrieprodukte,
aber auch landwirtschaftliche Erzeugnisse, Energie und Rohstoffe, außerdem Beratungs- und Finanzdienstleistungen für ausländische Kunden und geistiges Eigentum wie Softwarelizenzen. Der Sektor nicht
handelbarer Güter umfasst Waren und Dienstleistungen, die ausschließlich im Lande »konsumiert« werden, dazu gehören Produkte des Bau-
gewerbes und eine Vielzahl personenbezogener Dienstleistungen.

Es ist der technische Fortschritt, und nicht die Produktionsverlage-
rung ins Ausland, der hauptsächlich dafür verantwortlich ist, dass die
Zahl der Arbeitsplätze im traditionellen Produktions- und Distribu-
tionsbereich sinkt. Roboterfabriken und selbstfahrende Lastwagen werden schon bald die Jobs vieler Arbeitnehmer vernichten, so wie die
Computersoftware viele Büroangestellte bereits überflüssig gemacht hat.
Während in der Produktion Arbeitsplätze verloren gehen, wird der
Arbeitsmarkt in den Industrieländern polarisiert zwischen Arbeitsplätzen im Bereich der Unternehmensdienstleistungen oben und einer
wachsenden Zahl von Arbeitsplätzen im Gesundheitswesen, in der Gas-
tronomie und im Einzelhandel unten.

Diese ökonomische Polarisierung verstärkt Ungleichheit. Arbeitsplätze, die am Sektor handelbarer Güter hängen und ein abgeschlos-
senes Studium voraussetzen – etwa Unternehmensdienstleistungen wie
Versicherungen, Wirtschaftsprüfung und Unternehmensberatung für
multinationale Konzerne –, sind tendenziell gut bezahlt, weil sie an Un-

ternehmen und Branchen gebunden sind, die auf regionalen oder globalen Märkten agieren können. Dagegen gehören viele Arbeitsplätze im Bereich personenbezogener Dienstleistungen zu Branchen des Sektors nicht handelbarer Güter mit begrenzten lokalen Märkten – Beispiel Altenpflege –, auf denen sich nur geringe Gewinne und Löhne erzielen lassen. Die Aufspaltung zwischen gut bezahlten Arbeitsplätzen im Dienstleistungsbereich des Sektors handelbarer Güter und weniger gut bezahlten Arbeitsplätzen im Dienstleistungsbereich des Sektors nicht handelbarer Güter führt zu einer Klassenspaltung zwischen einer wohlhabenden akademischen Elite und einer Klasse von Dienstleistern im häuslichen Bereich, die in Nordamerika wie in Europa an die Stelle der schrumpfenden Klasse der Industriearbeiter tritt.

Diese drei Trends in Kombination – stark sinkende Geburtenrate in der einheimischen Bevölkerung, nachlassende Religiosität und Polarisierung der Arbeitsplätze – erklären die meisten der heute in Europa wie den Vereinigten Staaten zu beobachtenden politischen Veränderungen.

Niedrige Geburtenraten in der angestammten Bevölkerung der Vereinigten Staaten und anderer westlicher Länder bedeuten, dass die Bevölkerungszahlen dort ohne Einwanderung von Generation zu Generation zurückgehen. Auch schaffen schrumpfende und alternde Bevölkerungen Probleme für die Sozialversicherungssysteme, da diese ein bestimmtes Verhältnis zwischen Steuern zahlenden Arbeitnehmern und rentenberechtigten Ruheständlern voraussetzen.

Um dem Bevölkerungsrückgang und den daraus resultierenden ökonomischen Problemen entgegenzuwirken, setzen viele führende demokratische Köpfe aus Politik und Wirtschaft auf Einwanderung, die sowohl die Erwerbsbevölkerung als auch die einheimischen Verbrauchermärkte vergrößert. Einwanderung aus ökonomischen und kulturellen Gründen ist aber auch immer umstritten. Da die Einwanderer das Angebot an Arbeitskräften vergrößern, besteht die Gefahr, dass sie mit den Einheimischen um Arbeitsplätze konkurrieren oder die Löhne drücken. Außerdem werden die Einwanderer-Communitys mit ihren anderen Sprachen und anderen Sitten von den Einheimischen aus Furcht, ihre eigene Kultur und Lebensweise könne infolge des Zustroms von Fremden verloren gehen, oft mit Argwohn betrachtet.

Sind die Geburtenraten der Einheimischen hoch, dann verändern möglicherweise selbst große Zahlen von Einwanderern die ethnische Zusammensetzung der aufnehmenden Nation nicht wirklich. Wenn aber kinderreiche Einwanderer in ein Land mit extrem niedriger Geburtenrate wie in großen Teilen Europas und zunehmend auch in den Vereinigten Staaten kommen, dann kann Einwanderung im Laufe weniger Generationen zu einer dramatischen demografischen Veränderung einer Gesellschaft führen.

Ein noch größeres Konfliktpotenzial ergibt sich, wenn viele Einwanderer mit vielen Einheimischen um schlecht bezahlte Jobs mit niedrigem sozialem Status konkurrieren, in Volkswirtschaften, in denen die meisten gut bezahlten Industriearbeiterjobs der zweiten Hälfte des 20. Jahrhunderts verschwunden sind. Dann droht ein Konflikt zwischen den Klassen der einheimischen Bevölkerung, das heißt der Klasse der im Dienstleistungsbereich Beschäftigten, die mit wenig qualifizierten und bei geringer Entlohnung arbeitenden Einwanderern konkurrieren müssen, und der Klasse der akademischen Elite, die Einwanderer als Dienstpersonal beschäftigen und selten mit ihnen um Jobs konkurrieren.

Die zunehmende Säkularisierung wirkt durch die Migration konservativer religiöser Muslime in den immer säkularer und liberaler werdenden Westen auf diese Trends problemverschärfend ein. Ende des 20. Jahrhunderts haben christliche Konservative in Amerika mit muslimischen Ländern immer wieder gegen Kampagnen wie die Propagierung der Empfängnisverhütung gemeinsame Sache gemacht. Die Trennlinie zwischen weltlich und religiös verläuft also heute immer weniger innerhalb der einheimischen Bevölkerungen als vielmehr zwischen den jeweiligen Einheimischen und den orthodoxen muslimischen Einwanderern. (Dagegen unterscheiden sich Einwanderer aus Lateinamerika und Asien, den hauptsächlichen Herkunftsregionen amerikanischer Einwanderergruppen, von der im Lande geborenen Bevölkerung nicht durch ein höheres Maß an Religiosität.)

Das Zusammenwirken sinkender Geburtenraten mit den drei Trends starker Einwanderung, zunehmender Säkularisierung und ökonomischer Polarisierung bringt in den Vereinigten Staaten eine neue politische Struktur hervor, die der in Europa stark ähnelt.

Charakteristisch für diese Struktur ist die in vierfacher Hinsicht zu beobachtende Ersetzung alter politischer Dichotomien durch neue: Ökonomische Ideologie wird durch Identitätspolitik, »Kulturkampf« durch »Grenzkampf«, der Links-rechts-Antagonismus durch den Antagonismus von Zugehörigen und Nichtzugehörigen und regionale Trennlinien werden durch solche innerhalb urbaner Großräume ersetzt.

Identitätspolitik ersetzt ökonomische Ideologie

In ökonomischen Fragen war die amerikanische und die Politik anderer westlicher Länder im letzten halben Jahrhundert zwischen rechts und links gespalten. Rechts waren die politischen Repräsentanten der Reichen, der Geschäftsleute und der Finanzindustrie. Links waren sozialdemokratische Parteien und Gewerkschaften, die die Arbeiterklasse repräsentierten.

Da es immer sehr viel mehr Arbeiter gab als Kapitalisten und Akademiker, haben die konservativen Parteien in den Vereinigten Staaten und Europa immer versucht, eine möglichst große Zahl von Wählern aus der Arbeiterklasse mit nicht ökonomischen Themen wie Patriotismus und Religion zu erreichen. Trotzdem vertraten die Parteien der Rechten und der Linken in ökonomischen Fragen tendenziell vorhersagbare Positionen, wobei sich die Parteien der Rechten für niedrigere Steuersätze und weniger Regulierung, die Parteien der Linken für höhere Steuersätze zur Finanzierung von mehr sozialer Sicherheit starkmachten.

Mit Beginn des 21. Jahrhunderts fing dieses Muster an aufzubrechen. Heute verbinden nationalistische Populisten in Europa wie Marine Le

Pen in Frankreich und Nigel Farage in Großbritannien »rechte« Opposition gegen Masseneinwanderung mit »linkem« Eintreten für die Ansprüche der Arbeiterklasse. Nationalistische populistische Bewegungen ziehen Teile der Arbeiterklasse an, die bisher die sozialdemokratische Partei ihres Landes gewählt haben.

Donald Trump hat das Rennen um die Nominierung für die amerikanischen Präsidentschaftswahlen auch deshalb gewonnen, weil er sich vom traditionellen Dogma der Republikanischen Partei – für Freihandel und gegen weitere Sozialversicherungsansprüche der Arbeiterklasse – distanzierte. Die orthodoxen Konservativen wollen den Sozialstaat zurückschneiden und Medicare, Amerikas staatliche Krankenversicherung für die Älteren, durch Gutscheine ersetzen. Trump dagegen verteidigt die bestehenden Programme, spricht sich für eine Bürgerkrankenversicherung aus und hat Kanadas Einheitskasse gepriesen. Auch beim Thema Steuern ist Trump Populist und kein traditioneller Konservativer. So hat er gefordert, dass Hedgefonds-Manager von der Wall Street mehr zahlen: »Die Hedgefonds-Leute haben dieses Land nicht aufgebaut. [...] Viele von ihnen schieben nur Papiere hin und her und machen damit ein Vermögen. Aber sie zahlen keine Steuern. Das ist doch zum Lachen!«

Zustimmung erhält Trump von Mitgliedern der »Tea Party«, die seine populistischen Ansichten in ökonomischen Fragen teilen. Die rechts stehende Tea-Party-Bewegung entstand 2009 als Reaktion auf die Rettungsaktionen der amerikanischen Regierung für Wall-Street-Banker. Die Tea-Party-Leute sind gegen bedarfsorientierte Sozialhilfeprogramme wie die vom Affordable Care Act (»Obamacare«) gewährten Unterstützungen für Arme, befürworten aber Hilfen für die Mittelschicht. Laut einer Umfrage des Marist Institute for Public Opinion vom April 2011 war die Mehrheit der Anhänger der Tea Party gegen Einschnitte bei Medicare und Medicaid (70 Prozent), für eine höhere Besteuerung der Einkommen über 250 000 Dollar im Jahr (53 Prozent) und für eine Haushaltskonsolidierung auch durch Einschnitte im Militäretat (66 Prozent).

In Handelsfragen wie auch in Bezug auf Sozialansprüche lehnt Trump den traditionellen ökonomischen Konservatismus ab. Er hat konservative und liberale Anhänger der freien Marktwirtschaft dadurch erschreckt, dass er Freihandelsabkommen wie NAFTA verurteilte und nachdrücklich Vergeltungsmaßnahmen gegen die von ihm so genannten räuberischen Handelspraktiken Chinas, Mexikos und anderer Handelspartner Amerikas forderte. Während die meisten Republikaner des Establishments die Zahl der Niedriglohnarbeiter durch Amnestie für illegale Einwanderer und weitere Gastarbeiterprogramme erhöhen wollen, fordert Trump die Abschiebung aller illegalen Einwanderer.

Diese Kombination aus Protektionismus und Stimmungsmache gegen Einwanderung einerseits und Forderung nach einem großzügigen Sozialstaat für die einheimische Arbeiterklasse andererseits ist bei den nationalistischen Populisten in Europa schon seit Langem zu finden. Ähnliche Bedingungen haben jetzt auch in den Vereinigten Staaten eine ähnliche Bewegung hervorgebracht.

Während die nationalistische populistische Rechte in Europa und Amerika den Sozialstaat für die Einheimischen verteidigt, haben sich die Mitte-links-Parteien beidseits des Atlantiks in den letzten drei Jahrzehnten in ökonomischen Fragen weit nach rechts bewegt.

»Die Zeit des großen öffentlichen Sektors ist vorüber.« Diese Aussage aus Bill Clintons Rede zur Lage der Nation von 1996 markierte den Aufstieg einer neuen herrschenden Ideologie in der Demokratischen Partei, den des Neoliberalismus. Der Neoliberalismus war die Antwort der bedrängten Mitte-links-Parteien in den USA und Westeuropa auf die Siege konservativer Politiker wie Ronald Reagan und Margaret Thatcher. Bill Clinton und Premierminister Tony Blair von der Labour Party reagierten auf die konservative Vorherrschaft in der Politik, indem sie sich von den »Old Democrats« und von »Old Labour« distanzierten und eine Mitte-rechts-Ökonomie zu ihrer Sache machten, die für Freihandel, Verschlankung des Staates und Deregulierung der Industrie eintrat. Zugleich distanzierten sich die Neoliberalen von der Rechten à la Reagan und Thatcher, indem sie dem Konservatismus in sozialen Dingen eine Absage erteilten und einen »Dritten Weg« zwischen den Extremen einer etatistischen, von den Gewerkschaften dominierten Alten Linken und der in sozialen Fragen reaktionären Rechten zu repräsentieren beanspruchten.

In den Vereinigten Staaten schufen die Neuen Demokraten Bill Clintons, Al Gores und anderer im Grunde eine neue Partei, indem sie ehemalige liberale Republikaner im Nordosten und in den Großstädten mit Afroamerikanern und anderen durch ihre Identität definierten Gruppen wie Latinos, Feministinnen, Schwulen und Lesben vereinten. Nicht zu den Neuen Demokraten gehörten viele Alte Demokraten oder demokratische Reagan-Wähler, die Konservatismus in sozialen Dingen mit ökonomischem Liberalismus verbanden. Die neoliberale Ideologie war eine Synthese der Mitte-rechts-Ökonomie gemäßigter Republikaner wie Eisenhower, Nixon und Nelson Rockefeller mit der Identitätspolitik der Neuen Linken und liberalen Einstellungen zu Sex und Zensur. Einte die New-Deal-Demokraten aus Sozialliberalen und Wertkonservativen der gemeinsame Glaube an die Macht des Staates, ihre ökonomischen Interessen zu vertreten, so waren die Neuen Demokraten in ökonomischen Fragen sehr unterschiedlicher Meinung, stimmten aber in gesellschaftlichen Fragen wie der Förderung benachteiligter Gruppen, dem Feminismus und der Gleichberechtigung von Schwulen überein.

Seine größten Erfolge feierte der Dritte-Weg-Neoliberalismus in den 1990er-Jahren unter Clinton, Blair und Gerhard Schröder. Doch seit der Jahrtausendwende stand der Neoliberalismus vor der Herausforderung einer sich immer stärker zuspitzenden Krise. Niedriges Wirtschaftswachstum und die Katastrophe der Weltwirtschaftskrise diskreditierten die Behauptung der Neoliberalen (wie auch der konventionellen Konservativen), von einer boomenden Wirtschaft würde jeder profitieren, sofern der Staat seine Finger aus dem Spiel lasse. Und der Anstieg aus dem Ausland zuströmender Bevölkerungsgruppen in Europa und Nordamerika ersetzte die alte Diskussion über die Assimilierung einheimischer Minderheiten durch Diskussionen über Zahl und Integration der Einwanderer.

Seit 2010 ist Mitte-links in ganz Westeuropa zusammengebrochen. Die sozialdemokratischen Parteien, die sich reformiert hatten, um wirtschaftsfreundlich zu werden und in die Mitte zu rücken, verloren Wähler sowohl an die militanten sozialistischen Parteien der Linken als auch an die identitären populistischen Parteien der Rechten.

Der Niedergang des Dritter-Weg-Neoliberalismus kam anfangs Parteien des Mitte-rechts-Mainstreams, in Großbritannien etwa den Konservativen, zugute. Doch sahen sich die Konservativen des Establishments in der Reagan-Thatcher-Tradition von neuen nationalistischen populistischen Bewegungen wie dem Front National in Frankreich, der UK Independence Party (UKIP) in Großbritannien, den Schwedendemokraten und der Alternative für Deutschland herausgefordert. Diese populistischen Bewegungen haben die bestehende politische Ordnung infrage gestellt, indem sie die traditionell linke Forderung nach einem großzügigen Sozialstaat für die einheimische Arbeiterklasse mit Widerstand gegen Masseneinwanderung und Multikulturalismus verbanden.

Sowohl bei den Neoliberalen als auch bei den nationalistischen Populisten ist Wirtschaftspolitik nahezu vollständig durch Identitätspolitik ersetzt worden. Mitte-links-Parteien wie die Demokraten in den Vereinigten Staaten haben die Rolle von Beschützern sowohl rassischer und ethnischer Minderheiten wie Juden, Afroamerikaner, Latinos und muslimische Einwanderer als auch sexueller Minderheiten wie Homosexuelle und Transgender gegen feindlich gesinnte und bedrohliche Mehrheiten übernommen. Die nationalistische populistische Rechte in Amerika und Europa reagiert darauf mit einer Art Ethnonationalismus im Namen der einheimischen Weißen, dessen besondere Kennzeichen sich in den einzelnen Ländern unterscheiden. Die zentrale politische Debatte wird nicht über die Organisation der Wirtschaft geführt, sondern über die Identität derer, die zur nationalen Gemeinschaft gehören.

Der Grenzkampf ersetzt den Kulturkampf

Ende des 20. Jahrhunderts sprachen »Erzkonservative« wie der Journalist und Präsidentschaftskandidat Patrick Buchanan von einem »Kulturkampf« zwischen dem Konservatismus und dem Liberalismus in Amerika (der Terminus war dem gegen die katholische Kirche gerichteten »Kulturkampf« des Bismarck-Reiches entlehnt, bei dem es aber um anderes ging).

Bei den meisten Kulturkampfkonflikten ging es um Sex oder Fortpflanzung: Abtreibung, Empfängnisverhütung, Schwulenrechte und Schwulenehe. Die zunehmende Säkularisierung der amerikanischen Bevölkerung und der Niedergang der religiösen Rechten als Macht in der nationalen Politik lässt aber die Bedeutung von Kulturkampffragen in der amerikanischen Politik schwinden. Fernsehprediger und Organisationen der religiösen Rechten haben nicht mehr viel Einfluss, weder auf die Parteipolitik der Republikaner noch auf die amerikanische Politik als Ganze.

Die Millennials sind weit weniger religiös und konservativ in gesellschaftlichen Dingen als ihre Eltern und Großeltern, für sie haben Kirchgang, Gebet oder überhaupt Religion weit geringere Bedeutung als für die ältere Generation. Dem Pew Research Center zufolge halten nur 41 Prozent von ihnen Religion für sehr wichtig. In der Generation X sind es immerhin noch 53 Prozent, in der der Babyboomer 59 Prozent, in der Stillen Generation 67 Prozent und in der »greatest generation«, die in den Jahren des Zweiten Weltkriegs groß wurde, 72 Prozent.[1]

Auch der Anteil derer, die sich als liberal bezeichnen, ist unter den Millennials größer als in der älteren Generation: Laut einer Umfrage des Pew Research Center aus dem Jahr 2009 sind es 29 Prozent, gegenüber 40 Prozent, die sich als gemäßigt, und 28 Prozent, die sich als konservativ bezeichnen. Demgegenüber bezeichnen sich nur 20 Prozent der Angehörigen der Generation X, 18 Prozent der Babyboomer und 15 Prozent der Angehörigen der Stillen Generation als liberal. Die

Generation der amerikanischen Millennials ist die einzige, die mehrheitlich für die Schwulenehe und schärfere Waffengesetze eintritt. Wahrscheinlich wird sie die Einstellungen der Amerikaner dauerhaft nach links verschieben.

Selbst für konservative evangelikale Protestanten scheinen die Kulturkampfthemen nicht mehr die frühere Bedeutung zu haben. Der in dritter Ehe verheiratete Donald Trump wird auch von vielen evangelikalen Republikanern unterstützt, zum Beispiel von Jerry Falwell jun., dem Sohn des Gründers der einst mächtigen *Moral Majority*.

Mit dem Rückgang des Kulturkampfs gewinnt der Grenzkampf für die Politik an Bedeutung, also der Kampf zwischen den meist rechts stehenden Nationalisten und den meist links stehenden Befürwortern von Multikulturalismus und Globalisierung. Für die amerikanischen Nationalisten verläuft die wichtigste Trennlinie zwischen den Bürgern der Vereinigten Staaten und dem Rest der Welt. Für multikulturelle Globalisten sind nationale Grenzen zunehmend obsolet, vielleicht sogar unmoralisch. Die Identitäten, die wirklich zählen, sind für sie subnational – Rasse und Geschlecht – und supranational – Weltbürgerschaft.

Dem Aufstieg des populistischen Nationalismus rechts entspricht der Aufstieg des multikulturellen Globalismus Mitte-links. Ohne unbedingt repräsentativ für die Wähler der Demokraten zu sein, sprechen progressive Experten und Journalisten immer häufiger die Sprache des ethischen Kosmopolitismus oder Globalismus, folgen also der Idee, dass es ungerecht sei, zugunsten der eigenen Landsleute Bürger anderer Länder zu benachteiligen.

Dieser Unterschied zwischen den Weltanschauungen bildet sich präzise in einem Unterschied zwischen den politischen Konzepten ab. Nationalisten sind nur dann für Einwanderung und Handelsabkommen, wenn der Lebensstandard der Bürger der eigenen Nation dadurch erhöht wird. Dagegen vertreten globalistische Progressive die – immer populärer werdende – Auffassung, Einwanderung und Handelsabkommen, die zur Senkung der Löhne für amerikanische Arbeiter führen, seien gerechtfertigt, wenn sie eingewanderte oder ausländische Arbeitnehmer finanziell besserstellen. Die Nationalisten sind der Meinung, amerikanische Politik sollte die Interessen der Amerikaner vertreten, den postnationalen Globalisten zufolge sollte sie für die Menschheit als Ganze von Vorteil sein, wenn nötig, auch zum Nachteil einiger Amerikaner.

Den von den Industriegewerkschaften geäußerten Bedenken folgend sind viele Politiker der Demokraten gegen Handelsabkommen wie TPP[2] und TTIP. Unter den jüngeren amerikanischen Progressiven wächst jedoch die Zustimmung für den Freihandel. Selbst Progressive, die gegen Handelsabkommen zu Felde ziehen, fühlen sich durch die Logik des ethischen Kosmopolitismus genötigt, ihren Widerstand mit dem Hinweis auf die Arbeitnehmerrechte ausländischer Arbeitskräfte oder auf Gefahren für die globale Umwelt zu rechtfertigen.

Links-rechts-Antagonismus ersetzt durch den Antagonismus von Zugehörigen und Nichtzugehörigen

Eine weitere politische Entwicklung ist die Ersetzung des alten Antagonismus von links und rechts oder konservativ und liberal durch den neuen Antagonismus von politisch und wirtschaftlich Zugehörigen und Nichtzugehörigen.

Noch nie seit Beginn der industriellen Revolution waren die westlichen Gesellschaften so stark atomisiert wie heute. Die auf Massenparteien und Gewerkschaften basierenden korporatistischen Vereinbarungen des 20. Jahrhunderts wurden durch die digitale Revolution destabilisiert und von den Regierungen der Mitte demontiert, um Hindernisse für wettbewerbsorientierte Märkte zu beseitigen. Effizienzgewinne hat es in vielen Bereichen gegeben, aber zustande gekommen sind sie auf Kosten der Interessenvertretung der Arbeitnehmer. Eine ähnliche Entmachtung der Bürger folgte dem Ende jener Klientelpolitik, die auf starke Mitgliedschaft in Interessenorganisationen setzen konnte, sowie der Verwandlung der Parteien in bloße Labels, die von Aktivisten in Beschlag genommen und von Reichen oder Cliquen von Parteispendern gekauft werden können.

Eine politische Ordnung, die auf der systematischen Unterscheidung von Zugehörigen und Nichtzugehörigen basiert und eine reiche Oligarchie gegen arme und zornige Außenseiter ausspielt, existiert seit Generationen in vielen lateinamerikanischen Ländern. Man kennt sie auch im amerikanischen Süden, wo populistische Volkstribune wie »Big Jim« Folsom für die weiße Arbeiterklasse und kleine Farmer gegen die von ihm so genannten »großen Maulesel« kämpften. In Lateinamerika stehen Figuren wie Juan Perón und Hugo Chávez für Formen des Außenseiter-Populismus.

In einer solchen gesellschaftlichen Ordnung verlieren konventionelle Unterscheidungen zwischen links und rechts ihren Sinn. Die zur Elite Gehörenden verbinden oft konservative Ansichten in wirtschaftlichen Fragen mit progressiven Ansichten zu Themen wie Rasse und Geschlecht. Die Nichtzugehörigen sind in gesellschaftlichen Fragen oft konservativ, viele außerdem religiös und rassistisch. Zugleich jedoch können sie konventionell links sein in ihrer Gegnerschaft gegen Banken und Geschäftswelt und in ihrer Forderung nach einem großzügigen Sozialstaat. Oligarchen sind tendenziell Zivilisten, während Populisten oft einen militärischen Background oder Verbindungen zum Militär haben, nicht weil Populisten immer Militaristen wären, sondern weil das Militär in einer Klassengesellschaft eine der wenigen Aufstiegsmöglichkeiten für Angehörige der Arbeiterklasse bietet.

Diese Trends führen in den Vereinigten Staaten und dem heutigen Europa zu dem, was Disraeli als die »zwei Nationen« innerhalb jeder fortgeschrittenen westlichen Demokratie bezeichnet hat. Heute sind die zwei Nationen in jedem westlichen Land nicht die Reichen und die Armen, sondern die Zugehörigen und die Nichtzugehörigen.

Die Nation der Zugehörigen ist auf beiden Seiten des Atlantiks jeweils außerordentlich homogen – trotz ihres Bekenntnisses zur Vielfalt. In Gesellschaften, in denen die traditionell definierte weiße Bevölkerung schrumpft, ist die Nation der Zugehörigen weit überwiegend weiß. Obwohl sie offiziell für eine Leistungsgesellschaft eintreten, sind diejenigen, die ihren Aufstieg angeblich sich selbst verdanken, fast immer in die Klassen der Reichen oder der gut verdienenden Akademiker hineingeboren, selten in die Arbeiterklasse oder in arme Familien. Die neuen Oligarchen sind miteinander verbunden durch Ausbildung an einigen wenigen Institutionen, wie den Universitäten der Ivy League[3] in den USA, und zunehmend auch durch Heiraten untereinander.

Die Nation der Zugehörigen steht der Politik, wie sie in modernen Demokratien traditionell betrieben wird, ablehnend gegenüber. Das Ideal der Nation der Zugehörigen ist die überparteiliche Technokratenherrschaft, ausgeübt von den besten und klügsten Absolventen einiger weniger Eliteschulen. Die Zugehörigen glauben, Innen- und Außenpolitik habe es mit voneinander unabhängigen Problemen zu tun, für die es jeweils eine optimale Lösung gebe, auf die vernünftige, unbefangene, von Parteien unabhängige Menschen sich einigen könnten. Der Stil der Nation der Zugehörigen ist der von Unternehmen, Denkfabriken, Beratungsgesellschaften: leise Töne, analytisch, emotionslos.

Aus Sicht der Zugehörigen sind die Wähler unwissend und gefährlich, und die Legislative steht zu sehr unter deren Einfluss. Das politische Projekt der Nation der Zugehörigen ist die Verlagerung der Entscheidungsfindung weg von der Legislative hin zu nicht legislativen Körperschaften wie Bürokratien, Gerichten, transnationalen Organisationen (Europäische Union), vertraglichen Arrangements – oder, wenn das nicht gelingt, den Willen der Wähler zu ignorieren und gewählte Amtsträger zu überreden, den überparteilichen Konsens der Elite zu unterstützen, was immer sie vor der Wahl gesagt haben mögen.

Die Anhängerschaft des Dritter-Weg-Neoliberalismus war auf beiden Seiten des Atlantiks die gleiche: die nach dem Zweiten Weltkrieg durch massenhaften Zugang zum Universitätsstudium erweiterte Klasse der Weißhemden im öffentlichen und privaten Sektor und in der Geschäftswelt. Während die Arbeiter im Blaumann auf die Gewerkschaften vertrauten, von denen sie glaubten, sie würden sie vor Ausbeutung durch die Arbeitgeber schützen, meinten die der »Oberschicht« angehörigen College-Absolventen, es selbst – durch Leistung – geschafft zu haben, und machten sich in Gewerkschafts- und Steuerfragen mehrheitlich die Ansichten der Unternehmensleitung zu eigen.

Der Anspruch, für eine Leistungsgesellschaft einzutreten, wird vom praktizierten Nepotismus innerhalb der Elite ad absurdum geführt. In den Vereinigten Staaten hat ein großer Teil der milliardenschweren Parteienspenderklasse erfolglos versucht, für die Präsidentschaftswahlen ein drittes Mitglied der Familie Bush nominieren und gegen das zweite Mitglied der Familie Clinton antreten zu lassen. Es ist auch kein Zufall, dass die angeblich optimalen Lösungen für politische Probleme wie die Einwanderung von immer mehr ausländischen Arbeitskräften ohne Gewerkschaftsangehörigkeit, also ohne Druckmittel gegenüber Firmen, oder Einschnitte in gesetzlich festgeschriebene Ausgaben für soziale Leistungen zum Ausgleich für niedrigere Steuern für Reiche sich mit den engstirnigen Klasseninteressen von Arbeitgebern und Reichen decken.

Die Nation der Nichtzugehörigen unterscheidet sich fundamental von der Nation der Zugehörigen. Mitgliedschaften in politischen Parteien, Kirchen, Gemeindegruppen, Wohlfahrtsverbänden und Vereinen sind in allen westlichen Nationen (Demokratien?) zurückgegangen, Arbeit, Familie und die durch Fernsehen, Radio und Internet vermittelte virtuelle Realität bilden heute den sozialen Kosmos vieler Amerikaner und Europäer. Ihre Teilhabe an Politik ist begrenzt-sporadisch und nimmt oft die Form von Protestwahlen gegen die an, die zum politischen Establishment gehören.

Der Aufstieg populistischer Volkstribune wie Donald Trump auf der rechten und Jeremy Corbyn in Großbritannien auf der linken Seite des politischen Spektrums als Reaktion auf die zunehmende soziokulturelle Abschottung der westlichen Eliten kommt nicht überraschend. Politischen Einfluss verschaffen heute nicht dezentralisierte Graswurzelparteiorganisationen oder Wirtschaftsverbände und Gewerkschaften, sondern mobilisiertes Geld oder Medienprominenz. Dass Außenseiter – Milliardäre wie Ross Perot, Fernsehprominente wie der Italiener Beppe Grillo oder als Mischung aus beidem der Milliardär und Reality-TV-

Star Donald Trump – zu Helden und Interessenvertretern der abgehängten Mehrheit werden, ist unvermeidlich. Fehlten ihr solche Fürsprecher, so hätte sie kaum eine oder überhaupt keine Stimme.

Regionale Trennlinien ersetzt durch Trennlinien innerhalb urbaner Großräume

Der vierte wichtige Trend ist die Veränderung des räumlichen Musters der Anhängerschaft der politischen Parteien.

Bis vor Kurzem war die Aufteilung der politischen Parteien nach Regionen sehr wichtig. In Großbritannien zum Beispiel war der Südosten das Kerngebiet der Konservativen Partei, während der »keltische Rand« mit Wales und Schottland vor allem die Labour Party unterstützte. Die Unterschiede zwischen den Regionen sind für die Parteipolitik noch immer wichtig, doch verlieren die alten Unterteilungen in Landesregionen gegenüber einer neuen in Innenstädte auf der einen und Vorstädte und Umland auf der anderen Seite an Bedeutung.

Die Ergebnisse der amerikanischen Präsidentschaftswahlen auf Bundesstaatenebene dargestellt ergeben eine scheinbar klare Unterscheidung zwischen »roten« (republikanischen) und »blauen« (demokratischen) Bundesstaaten. Auf der Ebene der Verwaltungsbezirke zeigt sich jedoch ein stark abweichendes Muster, in dem die Wähler der Demokraten sich in »blauen« Städten konzentrieren, die von »roten« Vorstädten und »roten« ländlichen Gebieten umgeben sind. Selbst in Texas, einem konservativen »roten« Bundesstaat, sind die Großstädte – Dallas, Houston, San Antonio und Austin – allesamt »blau«, also demokratisch und progressiv.

Mit dem Rückgang der Zahl der Landwirtschaftsbetriebe infolge des Produktivitätsfortschritts im Agrarbereich hat sich auch die Bedeutung der Bauernschaft als Machtfaktor in der nationalen Politik sowohl in den USA wie in Europa verringert. An die Stelle des alten Stadt-Land-Gegensatzes ist ein neuer Gegensatz von dicht besiedelter

Innenstadt und weniger dicht besiedeltem Vorstadtgürtel und Umland getreten.

Diese unterschiedlichen Teilräume der urbanen Großräume bringen fundamental unterschiedliche, aber gleichsam Seite an Seite lebende Gesellschaften hervor. In den amerikanischen und europäischen Großstädten verbindet sich meist ein hohes Maß an ethnischer Vielfalt mit einem großen Anteil an Einwanderern und einem hohen Maß an ökonomischer Ungleichheit. Das entstehende städtische Klassensystem hat die Form einer Sanduhr, mit Reichen und Akademikern oben, einer ethnisch bunt gemischten Klasse von Arbeitnehmern im Dienstleistungsbereich unten und dazwischen einer sehr dünnen Mittelschicht.

Demgegenüber verbindet sich in den Vorstädten geringere ökonomische Ungleichheit mit geringerer ethnischer und kultureller Vielfalt. Bewohnt werden sie vor allem von Angehörigen der Arbeiterklasse und der Mittelschicht; Reiche und Arme gibt es kaum. Die im Lande geborenen weißen Amerikaner beziehungsweise Europäer sind gegenüber den Einwanderern weit in der Überzahl, wirtschaftlich erfolgreiche Einwanderer ziehen meist in die Vorstädte und machen sich die lokale Kultur zu eigen.

Aus meiner Sicht werden diese derzeit entstehenden Strukturen, die sich aus den langfristigen und nur schrittweise veränderbaren Trends in puncto Geburtenraten und Einwanderung, Säkularisierung und ökonomischer Polarisierung ergeben, lange Bestand haben. In naher Zukunft wird die Politik im transatlantischen Westen von den beschriebenen Dynamiken – den Konflikten der Identitätspolitik, dem Grenzkampf, den Antagonismen zwischen den Zugehörigen und Nichtzugehörigen und zwischen den Vor- und Innenstädten – wohl geprägt werden.

Welche Seite wird gewinnen? Falsche Frage. Ein florierender moderner Nationalstaat braucht ethnisch diverse, global orientierte Städte als Basis für den Export von Waren und Dienstleistungen und als Eingangstor für Einwanderer. Im Interesse des Wirtschaftswachstums und der gesellschaftlichen Stabilität muss er aber außerdem sicherstellen, dass es den im Lande geborenen Arbeitern gut geht.

Die zwischen Staat, Wirtschaft und Arbeitnehmern nach 1945 ausgehandelten Abmachungen werden im angloamerikanischen Raum als »the postwar settlement« bezeichnet. In ihren verschiedenen nationalen Varianten war diese »Nachkriegsvereinbarung« für die westlichen Demokratien eine Generation lang der Schlüssel für nie da gewesenen gesellschaftlichen Frieden und wirtschaftlichen Erfolg. Eine neue Vereinbarung zu entwickeln, um im frühen 21. Jahrhundert die neuen Spaltungen innerhalb der entwickelten Nationen zu überwinden, ist für die Demokratien auf beiden Seiten des Atlantiks eine dringend zu lösende Aufgabe.

Aus dem Englischen von Jens Hagestedt

Anmerkungen

1   Generation X: in den Vereinigten Staaten die Jahrgänge 1965 bis 1980; Babyboomer: 1946 bis 1964; Stille Generation: 1925 bis 1945; »the greatest generation«: 1901 bis 1924. Die Jahreszahlen variieren in der Literatur. Der Begriff »the greatest generation« stammt aus dem 1998 erschienenen gleichnamigen Buch des Journalisten Tom Brokaw, der damit die Generation, die im Zweiten Weltkrieg gegen Hitler-Deutschland kämpfte, als die »großartigste Generation, die je eine Gesellschaft hervorgebracht hat«, feiern wollte. (Anm. d. Übers.)
2   Die Transpazifische Partnerschaft (Trans-Pacific Partnership) ist ein Handelsabkommen zwischen den USA, Australien, Brunei, Chile, Japan, Kanada, Malaysia, Mexiko, Neuseeland, Peru, Singapur und Vietnam. Das Abkommen wurde im Februar 2016 von Vertretern aller zwölf Länder unterzeichnet, ist aber noch nicht ratifiziert. (Anm. d. Übers.)
3   »Ivy League« ist die Bezeichnung für die Gruppe der acht amerikanischen Elite-Universitäten Brown, Columbia, Cornell, Dartmouth, Harvard, Princeton, Pennsylvania und Yale. (Anm. d. Übers.)

Alfred Hackensberger

Die letzte Reise in den Dschihad

Die Geschichte eines deutschen IS-Kämpfers

Sie geben vor, in den Urlaub zu fahren, Bekannte zu besuchen, oder verschwinden auch ohne jeden Grund von einem Tag auf den anderen. Ihr Zuhause, ihre Arbeit, Freunde und Familie, ihre gesamte Vergangenheit lassen sie bereitwillig zurück. Denn sie werden »neu geboren«, mit neuem Namen, einer neuen Identität, einem neuen Sinn des Lebens. Meistens hört man von ihnen über längere Zeit erst einmal nichts. Bis sie sich dann aus Syrien oder dem Irak melden und als Kämpfer des Islamischen Staats (IS) outen. Aus Europa sind es allein 6000 überwiegend junge Männer, die es zur Terrormiliz ins geheiligte Land al-Sham gezogen hat. Aus Deutschland sollen es, laut Angaben des Bundesnachrichtendienstes, rund 750 sein.

Einer von diesen Deutschen ist Benjamin oder besser Abdullah al-Almani, wie er vom IS getauft wurde und auch genannt werden möchte. Der 24-Jährige stammt aus Offenbach und ging im Januar 2014 auf Hidschra, in die Auswanderung. Zusammen mit seiner frisch vermählten Frau reiste er nach Syrien, um sich gezielt dem IS und keiner anderen Rebellengruppe anzuschließen. Ihm war es egal, von nun ab als Terrorist zu gelten. Im Gegenteil, er war sogar stolz darauf, zur brutalsten aller islamistischen Terrororganisationen zu gehören. Es kümmerte ihn wenig, dass es keine Rückkehr in sein vorheriges, »bürgerliches« Leben in Deutschland gab. Abu Abdullah war verdammt, bei den Dschihadisten zu bleiben und dort mit hoher Wahrscheinlichkeit als sogenannter Märtyrer zu sterben. Zu Hause wartete nur der Knast auf ihn – und das für sehr lange Zeit.

Mit dem deutschen IS-Kämpfer stand ich über ein Jahr lang in Kontakt. Er schickte Fotos aus den IS-Städten Mosul und Rakka. Einige Bilder zeigten ihn mit gefangenen Soldaten der syrischen Armee, mit dem Gewehr im Anschlag und hinter einem monströsen russischen 130-Millimeter-Geschütz, irgendwo in einem unterirdischen Bunker aufgenommen. Er beantwortete viele, aber natürlich nicht alle meiner Fragen. Ab und zu erzählte er vom Alltag und Familienleben als IS-Soldat. Das ging bis zum Februar 2016 so. Dann kamen plötzlich keine Antworten mehr über einen bekannten Internet-Nachrichtendienst. Telefonisch war er ebenfalls nicht mehr erreichbar. Kein Anschluss unter dieser Nummer, lautete die Ansage unter seinem türkischen Handy. Zuletzt hatte sich Abu Abdullah noch über die »schrecklichen Bombenangriffe« der von den USA angeführten Anti-IS-Koalition beschwert. Am schlimmsten scheint es wohl für ihn in Sindschar, der jesidischen Stadt im Nordirak, gewesen zu sein. Sie war im November von Peschmerga-Truppen der autonomen Kurdenregion (KRG) sowie jesidischen Milizen der türkisch-kurdischen Arbeiterpartei (PKK) befreit worden. »Man kann sich das gar nicht vorstellen, wie da bombardiert wurde«, hatte Abu Abdullah im Dezember getextet. »Man kann sich nur in Tunneln aufhalten.« Richtig feige sei das, meinte er völlig verärgert. Von Mann zu Mann trauten sie sich nicht zu kämpfen. Es kann gut möglich sein, dass er später an einem anderen Ort von einer der Raketen und Bomben der Kampfjets der Koalition getötet worden ist. Denn er scheint sowohl im Irak wie in Syrien immer wieder an verschiedenen Frontabschnitten im Einsatz gewesen zu sein. Natürlich besteht auch die Möglichkeit, dass er das neue IS-Kommunikationsverbot mit der Außenwelt befolgte. Aber wer weiß, was der tatsächliche Grund war. Er könnte auch als Spion verhaftet und hingerichtet worden sein, weil er mit einem Journalisten in Kontakt stand. Bei der Paranoia, die innerhalb des IS herrscht, wäre das kein Wunder. Über 100 IS-Mitglieder sollen in den letzten sechs Monaten getötet worden sein.

Seht die Sonne!

In jedem Fall ist Abu Abdullah ein Musterbeispiel für die meisten der deutschen Islamisten, die zum coolen IS auswanderten. Er gehörte zu einer jungen Gruppe von überzeugten Dschihadisten, die alle, bis auf einen, nach Syrien gegangen sind. Sie wollten das Morden des syrischen Regimes stoppen und gleichzeitig das verwirklichen, wozu noch keine Religion und Ideologie je fähig gewesen war: Die Welt sollte zum perfektesten Ort gemacht werden, den es je gegeben hat. Bekanntlich ist das absolut kein Ort für unsereins, aber für Islamisten ist er der lang gehegte Traum, die Utopie vom eigenen Staat. Wer hatte nicht gedacht, dass Utopien mit dem Ende des letzten Jahrhunderts untergegangen waren? Niemand schien sich mehr das Kreuz aufladen zu wollen, sich am Unmöglichen abzuarbeiten. Viel zu beschwerlich ist das, und Helden, die daran gescheitert sind, gab es schon genug. Heute ist das Heldensyndrom zurückgekehrt. Es sind die islamistischen Märtyrer, die den Kampf ums Paradies gegen einen übermächtigen Gegner erneut aufgenommen haben. Allerdings blasen sie sich inflationär oft in die Luft. Das hätte keiner geglaubt, dass das altbackene Modell eine derartige Renaissance erleben sollte. Das Leben wird für die Ideale, für etwas Spirituelles geopfert. Das hatte schon unser Che Guevara gemacht und wurde dafür unsterblich. 1967 irrte er auf einer völlig aussichtslosen Mission durch den bolivianischen Urwald. Bevor er noch seine frohe Botschaft von der Revolution verbreiten konnte, wurde er erwartungsgemäß verhaftet und erschossen. Abu Abdullah und seine Freunde wollten das selbstverständlich besser machen. Sie fühlten das Heldentum und erfüllten formal auch die Kategorien: Zum Sterben waren sie genauso bereit und ihre Erfolgsaussichten waren ähnlich mies wie damals bei unserem Che Guevara.

Abu Abdullah hatte in Deutschland schon seit einem Jahr von einem Land geträumt, in dem der Islam wirklich gelebt und nach Allahs Gesetzen regiert wird. Mit seiner Frau, die er kurze Zeit zuvor geheiratet hatte, flog er im Januar 2014 in die Türkei. Angeblich wollten sie dort

Flitterwochen machen. »Unsere Familien hätten uns sonst nie ziehen lassen«, erklärte mir Abu Abdullah in einem langen Schreiben. »Mein Vater hatte mir zwar immer gesagt, es sei völlig falsch und grausam, was da in Syrien passiere, aber er hätte mich nie in den Dschihad ziehen lassen.« Das Paar landete in Istanbul und reiste dann nach Adana an die türkische Mittelmeerküste. Von da aus ging es weiter in die Grenzstadt Gaziantep. Nach acht Tagen Aufenthalt in der Türkei war es dann endlich so weit. Die Eheleute wurden nach Syrien geschmuggelt. Die illegale Grenzüberquerung dauerte nur eine halbe Stunde, wie Abu Abdullah süffisant betonte. Und schon waren sie in ihrem islamistischen Paradies. »Hier werden Muslime nicht unterdrückt, weil sie Bart und Niqab tragen«, stellte der deutsche IS-Kämpfer heraus. »Hier können sie sagen, was sie denken, ohne wie in Deutschland für ihre Meinung in den Knast zu gehen.« Er und seine aus Marokko stammende Frau waren in ihrem Land der Freiheit angekommen. Das verhasste Dasein in Deutschland hatte ein Ende gefunden. »Ich war es leid, in einer Gesellschaft zu leben ohne Sinn, Ehre und Stolz, mit von Menschen gemachten Gesetzen, wo jeder mit jedem schläft, Schwule toleriert und Muslime unterdrückt werden.« Es ist eine Kulturkritik, die im Kern auch von einem Rechtsradikalen stammen könnte. Nicht umsonst sagen Therapeuten, die sowohl Islamisten wie Neonazis betreuen, Radikalisierung gehe nicht notwendigerweise in eine einzige Richtung. Es gebe vielmehr einen latenten Moment, der darüber entscheide, wohin die Reise endgültig gehe. In diesem Moment prägt der Einfluss bestimmter Personen und Ereignisse. Je nachdem, wer oder was in dieser Latenzphase seinen Stempel wie hinterlässt, bestimmt, ob jemand endgültig zum Islamisten oder Neonazi wird. Es gibt also keinen vorbestimmten linearen Weg in die Radikalität.

Der Satz Abu Abdullahs will hauptsächlich nur eines demonstrieren: die totale Ablehnung der westlichen Gesellschaft und ihrer gesamten Kultur, die den Menschen fremdbestimmt und von seiner eigentlichen Natur pervertiert. Toleranz, Freizügigkeit und das Recht, das sie schützt, werden in Bausch und Bogen verdammt und zur Inkarnation des Bösen stilisiert. Die Opfer dieses Bösen sind ausgerechnet Muslime, wie Abu Abdullah und seine Frau, die eigentlich nur Gutes im Sinn haben und die wirklich echte Moral und Ethik verkörpern. Das ist ein wesentlicher Baustein jeder Utopiegläubigkeit: Das Gegebene ist das Verfälschte, das Unwahre, das Schlechte. Das Wirkliche, das Echte und das Gute liegen außerhalb davon, wie hinter einem Vorhang. Jeder kann sie finden, wenn er nur will und sich bemüht. Hebt den Schleier, der euch umgibt, und ihr seht die Sonne!

Himmel und Hölle

Für Abu Abdullah und seine Frau bedeutete richtiges Leben nämlich, ihrem Schöpfer, Allah, treu zu dienen und für die Umsetzung des göttlichen Rechts einzutreten. Das wird ihnen angeblich in Deutschland und im gesamten Westen unmöglich gemacht, der ja überhaupt ein Musterbeispiel für das ist, was im Koran als Götzenanbeter, Verführungen des Satans bezeichnet wird. Zudem sind die westlichen Staaten imperialistische Ausbeuter, die andere Völker unterdrücken. Sie verhalten sich wie einst die Kreuzfahrer in Palästina und unterstützen die Zionisten, die Diebe islamischen Landes, die ins Meer getrieben werden müssten. Das Weltbild ist nicht sehr differenziert, funktioniert aber wahrscheinlich gerade deshalb so gut. Endlich mal wieder eine richtige Counterculture, die sich nicht nur auf Kleidermode beschränkt, sondern das Übel der Welt am Fundament angreift. Das dürfte wohl die große Attraktivität des Islamismus ausmachen.

Er ist eine Ideologie, die die großen, von Jugendlichen gestellten W-Fragen des Daseins beantwortet. Da gibt es keine von Menschen gemachten Spitzfindigkeiten. Hier geht es um Gott, Allah, der die grandiose Welt mit all ihren Blumen, Bergen, Tälern, Meeren, Wäldern, Wüsten, den Stürmen, Wolken und Jahreszeiten geschaffen hat. Wer das Sagen hat und welche Regeln bestimmen, darüber ist nicht zu streiten. Das hat es in den letzten 100 Jahren in unserer säkularen Welt nicht mehr gegeben. »Es gibt nur ein Gesetz, und das ist die Scharia, die von Allah kommt und allein die endlose Gerechtigkeit auf Erden bringen kann«, behauptete Abu Abdullah, der deutsche IS-Kämpfer immer wieder. Da gebe es keine Kompromisse. »Denn Allah, der die ganze Erde erschaffen hat, gab uns die besten Gesetze, da er uns genau kennt, und keine so dummen von Menschen gemachten Gesetze.« Es sei die Pflicht jedes Muslims, seinen Beitrag dazu zu leisten, dass Allahs Gesetze, also die Scharia, überall auf der Welt gültig werden. Klar, und was von Gott kommt, dagegen kann man nichts einwenden. Und wer sich gegen Gott stellt, ist eben des Teufels und muss früher oder später bekämpft werden. So einfach ist das.

Bei jeder Nachricht, die er mir schickte, sprach er mir ins Gewissen. »Du musst zum Islam konvertieren. Denke an den jüngsten Tag, der kommen wird. Sonst landest du in den Höllenfeuern.« Ich konnte das anfangs nicht glauben, aber das alles war kein Witz, sondern sein völliger Ernst. Abu Abdullah und all die anderen Dschihadisten, die ich getroffen habe, glauben felsenfest an Himmel und Hölle, an den Teufel, die Engel und natürlich an Allah, der einem irgendwann den Weg weist ins Paradies oder in die Verdammnis. Eine ernsthafte Diskussion ist bei diesem simplen Weltbild ausgeschlossen. Es ist ein Schwarz-Weiß-Klischee, das für so viele Ideologien typisch ist. Die Farbe Grau ist dabei gänzlich unbeliebt, da sie die Einfachheit stört und alles nur verkompliziert. Wie sollte es ein Grau geben, wenn es nur Schwarz-Weiß gibt? Deshalb versuchen totalitäre Ideologien immer, alle störenden »Graustufen« möglichst schnell und umfassend zu eliminieren. Beim IS in Syrien und im Irak ist das nicht anders. Wer nur verdächtig ist, nicht linientreu hinter der Organisation zu stehen, ist ein Delinquent. Er landet im Gefängnis und später auf dem Richtplatz. Wie totale Identifikation aussehen soll, erkennt man an den Schulen im IS-Gebiet. Alle Lerninhalte sind mit dem Islamischen Staat verbunden. Was nur im Entferntesten der IS-Doktrin widersprechen könnte, wurde aus dem Lehrplan gestrichen. Das Alphabet geht nach »I« für Islamischer Staat und »K« für Kalaschnikow. Ganz zu schweigen vom Terrorismus-Unterricht. Die Kinder lernen Kampfsport, mit Gewehren und Pistolen zu schießen sowie nach allen vorgeschriebenen Regeln der Kunst zu enthaupten. Das gehört zum täglichen Drill, wie mir Kinder berichteten, die ein Jahr lang in IS-Schulen gingen, bevor sie flüchten konnten.

Winterklamotten und Assad-Hunde

Abu Abdullah ist der Sohn eines Einwanderers aus Pakistan, der eine Deutsche heiratete. Der 24-Jährige hat in Offenbach ein ganz normales Leben geführt, wie er erzählt. Er war zwar Muslim, ging sogar in die Koranschule, aber er interessierte sich für den Islam nicht weiter. In der Schule klappte es nicht so gut, dafür holte er den erweiterten Hauptschulabschluss in der Abendschule nach. Zuerst jobbte er bei der Post, später machte er eine Lehre als Koch in Frankfurt. »Ich war wie alle Jugendlichen in der Pubertät«, meinte Abu Abdullah. »Ich bin in die Disco gegangen, war hinter Mädchen her und habe auch Alkohol getrunken.« Er kam mit dem Gesetz öfter in Konflikt, und das, weil er zu schnell und zu fest zuschlug. Ein kleinkrimineller Background ist in vielen Fällen typisch für Europäer, die zum IS gingen. Auch der Berliner Gangsta-Rapper Denis Cuspert war so ein Fall. Er wurde durch den Islam vom kriminellen Pfad zum richtigen Leben gebracht. Weinend schwor er öffentlich der ganzen miesen Musikszene und dem Rest der Welt ab. Dann tauchte er unter und sorgte als Abu Talha al-Almani beim IS für Furore.

Abu Abdullah wusste über den kriminellen Background natürlich Bescheid und wollte daher unbedingt weg von diesem Image der zerstörten Seelen von Islamisten. »Mir ging es wirklich gut, ich hatte keine Probleme, hatte Job und Geld«, versicherte er mehrfach. Er habe ganz plötzlich eine innere Unzufriedenheit und Zerfahrenheit gespürt. »Im Fastenmonat Ramadan bin ich öfter in die Moschee zum Beten gegangen, und da habe mich wieder auf meine Religion, den Islam, besonnen.« Klingt richtig romantisch und spirituell. Der gute Geist des Islam kam über ihn. Aber es gab Imame, bei denen er Rat und Informationen suchte, wie er offen zugab. Die beiden bekannten und von den Medien als Hassprediger titulierten Konvertiten Pierre Vogel und Sven Lau seien das jedoch nicht gewesen. Nur die Namen seiner eigenen so inspirierenden Imame wollte Abu Abdullah unter keinen Umständen preisgeben. Hinzu kam noch die Dynamik einer Gruppe. Denn der wissbegierige junge Mann war nicht der einzige Schüler seiner Lehrer. Gemeinsam lebt es sich leichter im Außenseitertum. Wir kennen das: Gemeinsam sind wir stark! Abu Abdullah machte bei seinen neuen Religionsstudien Freundschaften, die über Jahre hielten und sogar die Zeit in Syrien überdauerten. In Deutschland durchliefen sie alle gemeinsam die üblichen Stationen einer Radikalisierung. »Wir fingen an, Spenden zu sammeln, Medizin, Winterklamotten und Geld«, heißt es in einem Texteintrag vom Januar 2015. Mit seinen Freunden besuchte er regelmäßig Benefizveranstaltungen, in denen neben der Kollekte auch über die Lage der Umma (Gemeinschaft der Muslime) informiert worden sei. »Wir konnten sehen, wie Muslime überall in der Welt abgeschlachtet wurden, in Afghanistan, Pakistan, Burma, Mali, Tschetschenien und noch vielen anderen Ländern mehr.« Und später seien den jungen Leuten die schrecklichen Bilder des syrischen Bürgerkriegs nicht mehr aus dem Kopf gegangen. Zu der Zeit verteilten sie bereits Korane und die Lebensgeschichte des Propheten in deutschen Fußgängerzonen. Das war im Rahmen des umstrittenen Projektes »Lies!« des salafistischen Predigers Ibrahim Abou-Nagie. Eine ganze Reihe junger Männer, die die Gratis-Korane in deutschen Innenstädten verteilt hatten, sind Richtung Syrien verschwunden. Lies! scheint eine typische Durchlaufstation für deutsche Syrien-Kämpfer gewesen zu sein.

Für Abu Abdullah und seine Freunde veränderte ein Hilferuf aus Syrien alles. Er soll das Schlüsselerlebnis gewesen sein, das den letzten Anstoß zur Auswanderung gab. Eine muslimische Schwester, die von Regimesoldaten vergewaltigt worden war, habe sich an die Gruppe gewandt. »Wenn ihr schon nicht kommt, um uns zu helfen, dann schickt uns doch Verhütungspillen, damit wir von diesen Assad-Hunden nicht schwanger werden«, soll ihre Nachricht gewesen sein. »Dann wurde uns allen klar, vor allem mir«, schrieb Abu Abdullah, »man kann nicht nur zusehen, wenn andere leiden.« Einfach nur Geld zu sammeln und Korane zu verteilen, reichte nicht mehr. Die jungen Kerle fühlten sich moralisch verpflichtet, etwas zu tun. Sie kamen gar nicht auf die Idee, der Hilferuf der Frau könnte möglicherweise fingiert worden sein. Der IS hat seine raffinierten Rekrutierungsmethoden, und die perfide Mitleidstour gehört auf alle Fälle dazu. Die jungen Leute fühlten eine Empathie, die sich kaum von der jener unterscheidet, die sich heute sozial engagieren und zu Hilfsorganisationen gehen.

Zuletzt hatte es in den 1980er-Jahren eine politisch motivierte Hilfsaktion gegeben, in deren Rahmen Menschen aus aller Welt eine echte Revolution unterstützen konnten. Einige werden sich noch an die Freiwilligen erinnern, die nach Nicaragua als Brigadisten gingen, um die Sandinistas zu unterstützen. 1979 war dort die Somoza-Diktatur gestürzt worden. Jedoch nur zwei Jahre später starteten die sogenannten Contras eine Gegenrevolution, die von der damaligen US-Regierung unter Präsident Ronald Reagan unterstützt wurde. Zu Tausenden waren Helfer aus Europa in Nicaragua angekommen, um im zivilen Bereich zu arbeiten. Alle bekamen zwar eine militärische Grundausbildung, aber kämpfen sollten sie nicht. Seit den Brigadisten hatte es keine vergleichbare große Hilfsbewegung für einen bewaffneten Umsturz gegeben. Syrien ist jetzt die Ausnahme. Zu Zehntausenden kamen Ausländer aus über 120 Ländern zum IS. Linke könnten sich den Syrischen Demokratischen Kräften (SDF) im kurdischen Norden des Landes im Kampf für Basisdemokratie und Selbstverwaltung anschließen, aber bisher sind nur einige wenige Hundert an Freiwilligen gekommen. »Obwohl man es mit dem Spanischen Bürgerkrieg vergleichen könnte«, hatte ein Amerikaner enttäuscht festgestellt, der aufseiten der SDF in Nordsyrien kämpfte.

Die Antriebskraft von Abu Abdullah und seinen Freunden mag anfangs tatsächlich Mitgefühl gewesen sein. Nur war das bereits im frühen Stadium gezielt kanalisiert, manipuliert und instrumentalisiert worden. Ab einem gewissen Zeitpunkt gibt es auch kein soziales Netz mehr, das das hätte abfangen können. Die jungen Islamisten bewegten sich bald nur mehr unter ihresgleichen, abgeschottet von allen möglichen Gegenstimmen. Nach einigen Monaten der Diskussionen und Planung war es dann so weit. Einer nach dem anderen machte sich zwischen 2013 und 2014 auf den Weg nach Syrien. Wiedergetroffen haben sich die Freunde alle beim IS.

Und morgen die ganze Welt

Für Abu Abdullah funktionierte die Scharia, das göttliche Gesetz, unter der Herrschaft des IS in Perfektion. Alles würde dort nach Recht und Ordnung zugehen, es gebe keine Willkür, keine Vetternwirtschaft und keine Korruption wie im Westen und in arabischen Regimen. Es sei eben die ideale Gesellschaft, wie es keine bessere geben kann. Wer gesteinigt werde, habe das auch verdient, genauso wie ein Dieb, dem die Hand abgehackt werde. »Die Medien sollten sich da nicht groß aufregen«, meinte Abu Abdullah. Denn zum einen würde das nicht jeden Tag passieren und die Urteile seien zudem nach genauester Beratung gefällt worden. Irrtum sei völlig ausgeschlossen! »Alles hat Hand und Fuß, die Leute wissen eben, was der echte Islam ist.« Bei dieser Meinung blieb Abu Abdullah selbst noch ein Jahr nach seiner Ankunft in Syrien. »Ich habe in dieser Zeit viel erlebt und ich bereue meine Entscheidung, hierhergekommen zu sein und mich dem Krieg angeschlossen zu haben, keine Sekunde.« Das ist nur sehr schwer nachzuvollziehen. Denn gerade das Jahr 2014 war durch eine schier unglaubliche Anzahl aufeinanderfolgender IS-Grausamkeiten gekennzeichnet, die jeder Form von Menschlichkeit entbehrte. Entführte Journalisten und Mitarbeiter von Hilfsorganisationen wurden auf perfide Weise hingerichtet. Es gab ein Massaker an 1500 irakischen Soldaten. Der IS versuchte die Minderheit der Jesiden im Irak auszurotten. Tausende von jesidischen Frauen wurden als Sexsklavinnen missbraucht und wie Vieh auf öffentlichen Märkten versteigert. »Im Islam dürfen Sklaven genommen werden«, rechtfertigte sich damals Abu Abdullah. Auch für alle anderen Verbrechen fand der junge Deutsche eine Entschuldigung gemäß islamischem Recht. Nichts konnte ihn auch nur im Geringsten davon abbringen, dass er und seine IS-Organisation für die freiheitlichste und gerechteste Gesellschaft auf Erden kämpfen würden. In seinen Augen waren er und alle anderen Soldaten des IS die wahrhaften Kämpfer von Allahs Gnaden, bereit zu sterben. Ein Tod, der nicht umsonst kam, denn Märtyrer kommen direkt ins Paradies zu den Strömen aus Milch, Wein und Honig und zu den Jungfrauen. Der IS wähnte sich damals auf dem Weg zum neuen Weltreich des Islam. Allah schien tatsächlich auf ihrer Seite zu stehen und niemand konnte sie mehr stoppen. Denn immer mehr Muslime kamen, um sich ihnen anzuschließen, die perfekte irdische Herrschaft Wirklichkeit werden zu lassen. Die Utopie ist nach 1400 Jahren wieder zum Greifen nah und der IS ist es, der den Schneeball zu einer Lawine werden ließ.

Die geglückte Invasion in den Irak 2014, die dem IS die Kontrolle über mehr als ein Drittel des Landes brachte, steigerte die Euphorie und das Adrenalin der vermeintlichen Gotteskrieger. 1200 Kämpfer hatten eine Übermacht von rund 10 000 Soldaten der irakischen Armee in Mosul in die Flucht geschlagen. Auch andere Städte fielen ohne Gegenwehr in die Hände der Terrororganisation. Tonnen an Waffen wurden erbeutet, darunter modernes Kriegsgerät, das die USA an die irakische Armee geliefert hatten. Dadurch wurde der IS militärisch so stark wie nie zuvor. In nur wenigen Monaten jagte ein Triumph den anderen. Der IS kam bis 30 Kilometer an Erbil heran, die Hauptstadt der KRG. Sogar Bagdad war gefährdet. Der IS richtete in Falludscha sein Hauptquartier ein, das nur eine halbe Fahrstunde entfernt lag. Im Juni 2014 rief IS-Führer Abu Bakr al-Baghdadi das Kalifat aus, Branchen in Libyen, Ägypten, dem Jemen, Saudi-Arabien und Algerien wurden gegründet. Das Weltreich nahte in Sieben-Meilen-Schritten. Selbst in Deutschland würde der islamistische Volksaufstand bald losbrechen.

Davon war Abu Abdullah damals überzeugt. »Merkel ist eine Terroristin«, hieß es in einer Nachricht von Abu Abdullah. »Deutschland unterstützt mit Waffen und Geld den Krieg gegen Muslime. Es ist nur eine Frage der Zeit, bis die Menschen dort aufstehen und in den Krieg ziehen.« Die Zeit schien reif. Der junge deutsche Islamist war vom großen Endsieg überzeugt. Nichts konnte mehr schiefgehen. Der IS war nun wer. Weltweit beherrschte er die Schlagzeilen und provozierte einen Staat nach dem anderen, Krieg gegen ihn zu führen. Und die Staatsutopie schien ein Stück näher zu rücken. In den kontrollierten Gebieten in Syrien und dem Irak mühte sich der IS ab, staatsähnliche Strukturen aufzubauen. Neue Institutionen wurden gegründet, eine islamische Polizei patrouillierte, das Scharia-Gericht fällte Urteile und der IS zog Steuern ein. Rund zehn Millionen Menschen lebten zeitweise unter seiner Herrschaft. Die Konkurrenz im Dschihad-Lager al-Qaida war keine ernsthafte Gefahr mehr. Der IS überschattete alles. Seinen Mitgliedern gab das alles ein Gefühl der Allmacht. Es herrschte Aufbruchsstimmung: heute Syrien und Irak, morgen die ganze Welt.

Die revolutionäre Ungeduld, das revolutionäre Fieber ist eines von vielen Motiven, die dabei an die linken Bewegungen der 1960er- und 1970er-Jahre erinnern. Auch damals dachte man, die Zeit sei reif für die Weltrevolution. Linksterroristische Gruppierungen glaubten genauso, sie seien die Avantgarde der Umwälzung. Bald würde sich das gesamte Weltproletariat anschließen. Aber daraus wurde bekanntermaßen nichts und die sozialistische Weltrevolution scheiterte letztendlich dramatisch, aber kläglich. Bei den Linken war es das Proletariat, von den Kapitalisten unterdrückt und geknebelt, das zum Schlüssel und Motor der großen glorreichen Revolution werden sollte. Beim IS sind es Muslime und Ungläubige, die antagonistisch nicht zusammenpassen sollen. Die Gottlosen haben einen Glaubenskrieg angezettelt, um die Weltherrschaft zu erlangen. Nun leisten Muslime Widerstand gegen die Usurpation des Westens. Am Ende werden die Muslime die Armeen der Kreuzfahrer besiegen. Die letzte Schlacht soll nach IS-Glauben in Dabiq, einem kleinen Ort in Nordsyrien, stattfinden, den sie mit aller Gewalt und vielen Todesopfern in ihren Reihen erobert haben. Dort brechen angeblich der jüngste Tag und das Reich Gottes an. Das könnte man mit dem marxistischen Paradies vergleichen, das nach dem Ende der Diktatur des Proletariats anbrechen sollte, aber bisher nirgends zustande kam. Beide Utopien, Marx und Allah, suggerieren den überirdischen Neustart des Systems in die unendliche Glückseligkeit. Die vermoderte, korrupte und entfremdende Gesellschaft des Westens geht unter und daraus erhebt sich eine goldene Zukunft von Freiheit und Gerechtigkeit. Da gibt es deutliche Parallelen zwischen Islamisten und den linken Bewegungen der 1960er- und 1970er-Jahre.

»Substanziell ist das natürlich etwas ganz anderes. Al-Qaida und der IS bleiben eine religiöse Bewegung«, glaubt Nizar Hamzeh, Spezialist für islamischen Widerstand an der Amerikanischen Universität in Beirut. Aber es gibt noch weitere grundlegende Unterschiede zwischen Linken und den Islamisten. Bei sozialistischen Utopien spielt gewöhnlich eine demokratische Neuordnung der Gesellschaft und der Ökonomie eine tragende Rolle. Macht soll aufgeteilt werden. Es gibt eine Reihe von Modellen, die von Basisdemokratie bis zur schon zitierten Diktatur des Proletariats reichen. Bei den Islamisten hat man jedoch kein Interesse an einer möglichst umfangreichen Partizipation des Individuums und der Transparenz eines neuen Gemeinwesens. Sie setzen altbacken auf Hierarchie und Unterwerfung. Das ist Unterwerfung unter den Plan Gottes, die Unterwerfung unter einen Kalifen, zu dem sich Abu Bakr al-Baghdadi selbst ausgerufen hat. Er verlangt absolute Treue und Gehorsam, sonst droht der Tod. »Das sind die Regeln, und die kommen von Gott«, meinte Abu Abdullah. Das ist wieder einmal die perfekte Entschuldigung. Gegen Gott kann man schlecht etwas einwenden.

Ein anderer Punkt ist die Frage des Humanismus. Bei linken Ideologien ist er gewöhnlich Prämisse, selbst wenn er im Nachhinein mit Füßen getreten wurde. Unter Stalin und Mao sind weit mehr Millionen von Menschen getötet worden als durch das Naziregime in Konzentrationslagern. Bei den Islamisten hat Humanismus dagegen von Anfang an keinen Platz. Für sie ist er eine dekadente, westliche Erfindung. Steinigungen, Abhacken von Gliedmaßen und Enthauptungen mögen sie als Strafen Gottes rechtfertigen. Generell betrachtet man sie heute jedoch als antiquierte und vor allen Dingen inhumane Strafformen.

Der große Katzenjammer

Abu Abdullah konnte lange zufrieden sein. Am Anfang hatte er nach seiner Militärausbildung noch reichlich Wachen an Checkpoints schieben müssen. »Wenig aufregend«, hatte er das am Telefon genannt. Aber dafür gab es ein Kleindeutschland in der Gegend um al-Rai, einem Ort in unmittelbarer Grenznähe zur Türkei. Man feierte gemeinsam Hochzeiten und die Beschneidung eines Sohnes. Damals wurde das noch auf Facebook annonciert, als wäre man tatsächlich noch zu Hause. Heute geht das längst nicht mehr. Alle Konten wurden geschlossen und IS-Kämpfern sind Accounts in sozialen Netzwerken verboten. Kurze Zeit später bekommt Abu Abdullah einen neuen Job, der endlich aufregender ist, über den er aber unter keinen Umständen sprechen will.

Der deutsche Dschihadist ist viel unterwegs, meist an der Front, besonders wenn dort gekämpft wird. Mit seiner Frau wohnt er jetzt in Mosul und fährt einen Toyota Landcruiser, Modell Prado, Baujahr 2006. Im Januar 2015 verkauft er ihn für 15 000 Dollar. Privat fährt er nun einen weißen Hyundai Sonata und »im Dienst« einen Kia Sorento, mit Allradantrieb versteht sich. Ihm geht es gut und er scheint in der neuen Welt angekommen zu sein. Noch immer hat er seinen Glauben an die gerechte Gesellschaft bewahrt. Strikt leugnet er, dass ausländische IS-Kämpfer höheren Sold bekommen würden. »Ich habe deinen Artikel gelesen und ich bin Zeuge, wir bekommen alle den gleichen Lohn. Uns geht es doch nicht ums Geld. Wir sind hier, um zu dienen.«

Im Mai wird der IS-Kämpfer Vater, hat aber nicht viel Zeit für seine Tochter. »Ständig unterwegs«, meint er. Trotzdem scheint ihn die Geburt seines Kindes etwas verändert zu haben. »Kinder sind wunderbar«, schrieb er mir. »Familie ist so schön und wichtig.« Er gibt offen zu, jetzt nicht mehr so sehr an den Tod zu denken, auch will er sich nicht freiwillig zu Märtyreroperationen melden. »Nein, nein, ich muss jetzt am Leben bleiben.« Aber es sind auch die äußeren Umstände, die sich zunehmend ändern. Der IS gerät mehr und mehr in die Defensive. Die Terrormiliz kann gegen ihre Gegner, die von US-Luftangriffen unterstützt werden, nichts mehr ausrichten. Mit der Intervention Russlands im syrischen Bürgerkrieg spitzt sich die Lage zu. Abu Abdullah weiß, was unausweichlich kommen wird. Von Niederlage will er noch nicht sprechen. »Rückschläge gibt es immer«, wiederholte er gebetsmühlenartig nach jedem weiteren Gebietsverlust des IS. »Das lernen wir von unserem Propheten, der musste ja auch Rückschläge einstecken, hat aber schließlich gesiegt.« Am Ende jeder Textnachricht hieß es: »Abwarten, abwarten.«

Im Herbst 2015 bot ich ihm dann Hilfe an, falls er aussteigen wollte oder verhaftet werden würde. »Echt, das würdest du tun?«, kam kurz als Antwort, ohne weiter darauf einzugehen. Im Dezember 2015, unmittelbar nach dem Verlust von Sinjar, kam er auf mein Angebot zurück und wollte sich vergewissern, ob das wirklich mein Ernst gewesen sei. Er stand sichtlich noch unter dem Schock der Bombardierung der jesidischen Stadt, die er mit den anderen IS-Kämpfern Hals über Kopf verlassen hatte. Man merkte ihm seinen Katzenjammer an. Er hatte endlich begriffen, was die Stunde geschlagen hat. Die Zeit in einem Land, in dem der Islam wirklich gelebt und nach Allahs Gesetzen regiert wird, nahte sich unaufhaltsam ihrem Ende. Sein Traum war ausgeträumt. Er wusste, wie in Sindschar wird es dem IS überall ergehen. Im Februar verlor der IS mit Ramadi die nächste Stadt im Irak. Im Juni folgte Falludscha, die Hauptbasis der Terrormiliz. In Syrien sieht es nicht besser aus. Der IS geht unaufhaltsam seinem Ende entgegen. Die Utopie ist wie eine Seifenblase zerplatzt. Dafür gab es Racheakte in der

Türkei, Bangladesch, im Irak, in Saudi-Arabien, Frankreich und nun auch in Deutschland. Ob Abu Abdullah das noch gutgeheißen und in Mosul mit anderen IS-Leuten begeistert gefeiert hätte? Ich weiß es nicht. Fragen kann ich ihn leider nicht mehr.

Kompakt Campact

Ein Gespräch mit Günter Metzges-Diez, Mitgründer des
größten deutschen Kampagnen-Netzwerks

*Günter Metzges-Diez ist Mitgründer von Campact. Das Kampagnen-
Netzwerk bezeichnet sich selbst als »Bürgerbewegung, mit der 1,8 Millionen
Menschen für progressive Politik streiten«. Bei wichtigen Entscheidungen
wendet man sich mit Online-Appellen direkt an die Verantwortlichen in
Parlamenten, Regierungen und Konzernen. Günter Metzges-Diez ist bei
Campact zuständig für neue Projekte und strategische Entwicklung sowie für Fragen der Technik und Technikentwicklung. Aufgewachsen ist
er in Ostfriesland, wo er in jungen Jahren durch Anti-Atomkraftbewe-
gung, Golfkrieg und Umweltverschmutzung politisiert wurde.*

**Gab es ein ausschlaggebendes Ereignis, das dich als Jugendlicher poli-
tisiert hat?**
Metzges-Diez: In Ostfriesland gibt es viele Mühlen, die von den Gemeinden instand gehalten werden müssen. Wir, einige Jugendliche einer
Naturschutzjugendgruppe, hatten damals erfahren, dass die Mühle bei
uns im Ort mit Tropenholz saniert wurde. Wir haben ein großes Plakat
mit der Aufschrift »Uns Möhlen – een Tropenwald-Sarg« beim Bürgerfest aufgestellt. Die Aufregung war groß. Es wurde uns vorgeworfen,
den Festfrieden gestört zu haben, und wir bekamen das Verbot ausgesprochen, jemals wieder als Gruppe auf einem Bürgerfest aufzutauchen.
Der Vorfall kam natürlich in die Zeitung, und wir haben uns entschieden, an der Sache dranzubleiben. Wir haben Material zusammengestellt, es der Presse präsentiert und Gesprächstermine mit Verwaltung
und Stadtratsfraktionen vereinbart. Am Ende stand der Beschluss: Die
Stadt verzichtet in Zukunft bei allen Bauvorhaben auf Tropenholz. Die-

ser Erfolg löste bei mir das Gefühl aus, man kann etwas verändern, wenn man aktiv wird und sich einsetzt. Man kann durch öffentliche Aktionen etwas bewirken.

Daraus haben sich dann meine weiteren Aktivitäten ergeben. Auf Landesebene habe ich mich in einem Jugendumweltverband und in der Anti-AKW-Bewegung engagiert. Die Frage, wieweit ziviler Ungehorsam angesichts der Atomproblematik gerechtfertigt oder sogar notwendig ist, hat uns sehr beschäftigt, wie auch die Frage, ob Recht zu brechen legitim ist, um auf ein schlimmeres Übel aufmerksam zu machen. Aus diesen Erfahrungen heraus habe ich nach meiner Zivildienstzeit mit anderen Umweltaktivisten im niedersächsischen Verden das Projekt »Anders-Leben – Anders-Arbeiten« gestartet. Unter anderem entstand ein ökologisches Zentrum mit diversen selbstverwalteten Betrieben und Initiativen mit dem Arbeitsschwerpunkt ökologisches Bauen sowie Bildungs- und Jugendarbeit.

Wie stark war dieses Projekt von den Werten der 68er-Bewegung beeinflusst?
Metges-Diez: Es ging darum, mit gleichgesinnten Leuten anders zusammen zu leben und zu arbeiten und dadurch auch die Kultur eines Ortes zu prägen und zu verändern. Heute würde ich sagen, dass wir eher idealistische Vorstellungen davon hatten, wie die Gesellschaft zu verändern sei. Zentral war der Einsatz für eine lebenswerte Umwelt, für Frieden, die Mitgestaltung der Globalisierung und für soziale Gerechtigkeit und einen starken Sozialstaat.

Lief das ohne direkte parteipolitische Anbindung, zum Beispiel an die Grünen? Schließlich waren die Grünen zu jener Zeit ein Auffangbecken und Reservoir für viele unterschiedliche Strömungen?
Metges-Diez: Uns schien damals der Weg, innerhalb einer Partei gesellschaftliche Dinge in unserem Sinne zu verändern, schwierig. Es gab eine deutliche Skepsis gegenüber dem Problem der Vermachtung. Für die meisten von uns waren die Erfahrungen aus der Jugendbewegung,

der Freiraum, in dem wir agieren konnten, wichtiger, als im engeren Sinne politische Macht anzustreben, um zu gestalten und zu verändern. Heute sage ich ganz klar, dass Parteien ein zentraler wichtiger Ort gesellschaftspolitischen Handelns sind, und ich habe Respekt vor Leuten, die in Parteien gehen und von dort aus versuchen, die Welt zu verändern. Wenn es diese Menschen und ihre Ideen nicht gäbe, dann würde unsere Gesellschaft nicht funktionieren. Ich teile in keiner Weise die Anwürfe von Populisten gegen »die da oben« oder »die Karrieristen«. Dennoch sehe ich die Notwendigkeit, dass es neben diesen Parteien und der etablierten Politik eine starke Zivilgesellschaft geben sollte, die ihre Sicht und ihre Anliegen wirkungsvoll zum Ausdruck bringt.

Kurzum: Weniger Theorie, mehr Pragmatismus. War das die Losung in Verden?
Metzges-Diez: Ja. Wir, das heißt eine Gruppe von 70 bis 80 Personen, hatten beschlossen, ein ehemaliges Kasernengebäude in Verden zu kaufen, um dort das erwähnte ökologische Zentrum aufzubauen. Wir hatten selbstverwaltete Betriebe im Baustoffhandel, ein Umweltanalyselabor, ein Architekturbüro, einen Gastronomiebetrieb, aber auch eine Ballettschule, einen Tagungshausbetrieb für Jugendbildung sowie einen Kindergarten und Räume, die politischen Initiativen zur Verfügung standen. Auf dem Gelände befand sich übrigens auch das Gründungsbüro von Attac Deutschland.

Ging es um ein Gegenmodell? Oder habt ihr euch eher als Vorbild gesehen, als Folie für Nachahmer? Wie war euer Selbstverständnis?
Metzges-Diez: Es ging um beides. Das Projekt in Verden war zunächst stark lokal orientiert, später dann kam die Hinwendung zur »großen« Politik. Es ging uns aber immer darum, Gesellschaft und Demokratie auch nach unseren Vorstellungen und Werten zu prägen und zu verändern, weniger um eine Verschiebung oder Veränderung von Idealen oder Idealvorstellungen. Entscheidender Antrieb von Anfang an war ein Gefühl von Verantwortlichkeit, die Welt gemeinsam zu gestalten

und möglichst viele Menschen, die von Regelungen und Entscheidungen betroffen sind, einzubeziehen.

Die Proteste in den 1980er-Jahren gegen Modernisierungsprojekte wie Startbahn West oder AKW Brokdorf waren Ausdruck eines breiten, direkten Engagements. Die Präsenz in den Medien war enorm. Und enorm war auch die Reaktion des Staates mit dem Einsatz von Polizeigewalt. Wie hat sich die Protestkultur seitdem verändert und weiterentwickelt?

Metzges-Diez: Zunächst einmal hat sich die Politik verändert. In den bewegungsstarken Zeiten der 1980er-Jahre mit ihrem breiten bürgerlichen Engagement kam es auch zu einer Art Öffnung des politischen Systems, das in der Folge gelernt hat, mit Protest konstruktiv umzugehen. Und selbst wenn es noch heute zu Bildern kommt, die hier eine andere Sprache sprechen, sind sie doch kein Vergleich zu den damaligen Bildern aus Wackersdorf oder Gorleben. Auch in den sozialen Bewegungen kam es zu Veränderungen. Für viele besteht weiterhin ein Bedarf an fundamentalen Veränderungen, sie sehen aber weniger im politischen System als solchem die Ursache der zu lösenden Probleme.

Denn bei vielen der großen Fragen und Probleme geht es inzwischen ja nicht mehr so sehr um eine »falsche« Politik einer Regierung, sondern um die Frage, wie weit politische Steuerung der Nationalstaaten heute überhaupt noch reicht. Das heißt, es geht heute im Grundsatz um das prinzipielle Versprechen der Aufklärung, dass wir als Menschen die Fähigkeit haben, unser Leben und damit unsere Zukunft selbst zu gestalten und zu planen. Eben weil wir sie nicht als schicksalhaft gegeben annehmen müssen, haben wir auch die Wahl und können uns entscheiden, zu handeln. Nun scheint aber im Zeitalter von Digitalisierung und Globalisierung und angesichts eingeschränkter Gestaltungsmöglichkeiten der Nationalstaaten genau diese Option zunehmend infrage zu stehen. Die gefühlte Entmachtung des Politischen ist meines Erachtens die Kernherausforderung, vor der wir stehen und die auch progressive Politik vor Probleme stellt.

Es geht also darum, die bestehenden Möglichkeiten und Änderungs-potenziale auszuloten und zu nutzen, ohne lange auf die Politik zu warten, ob sie Forderungen erfüllen kann oder nicht. Die sozialen Be-wegungen versuchen aus eigener Kraft, Veränderung zu initiieren, ein-zuleiten und anzustoßen?

Metzges-Diez: Ich möchte nicht falsch verstanden werden. Ich sage nicht, dass es keine aktuellen Probleme im staatlichen Rahmen mehr gibt und Politik nicht mehr verantwortlich gemacht werden kann. Die Aus-einandersetzungen um Atomkraft wurden hart geführt. Sie hatten ele-mentar mit dem Aufbrechen von Machtstrukturen zu tun. Die Frage der Energiewende liegt genau auf dieser Linie, auch die der Agrarwende, wo wir zum Beispiel fordern, dass weniger Pestizide auf die Äcker ge-langen und wir eine andere, eine nichtindustrielle Landwirtschaft wol-len – das sind Punkte, die sind politisch zu entscheiden, es gibt Orte für diese Entscheidungen und es gibt politische Interessen, die eine Wende blockieren.

Wenn wir die Denkfigur aufnehmen, dass Politik nicht mehr in der Lage ist, zu entscheiden, weil das politische System spürbar ohnmäch-tiger geworden ist, über elementare Dinge zu entscheiden ...

Metzges-Diez: Darf ich an dieser Stelle kurz auf einen Unterschied hin-weisen. Die Agrarwende wird aufgehalten von Klientelinteressen, die sich durchsetzen. In dieser Frage ließe sich über politische Entschei-dungen auf nationaler und europäischer Ebene noch vieles machen. Wir sind ja eben von der Frage gekommen, wie sich das Denken und die Wahrnehmung der Menschen, die sich heute in sozialen Bewegun-gen oder Protestformen organisieren, verändert haben.

Dort, wo Menschen nicht mehr auf die Handlungsfähigkeit der Re-gierung und des politischen Systems vertrauen, verändert sich auch die Sicht auf den Staat und die Machtstrukturen. In diesem Fall muss viel stärker darauf geachtet werden, wie wir das Politische an sich ver-teidigen; wie wir politische Institutionen unterstützen und stabilisie-ren können, weil sie Ankerpunkte zur Adressierung von bestehenden

Problemlagen sind. Weswegen wir aus meiner Sicht sagen müssten: Ja, die EU hat ein gravierendes Demokratie-Problem, sie hat ein riesiges Problem, wenn sie sich in diesen Zeiten darauf konzentriert, Abkommen wie TTIP und CETA zu organisieren. Aber sie ist als politischer Entscheidungsort unverzichtbar, weil sie als eines der wenigen Beispiele zeigt, wie transnationale Problemlagen behandelt werden können. Deswegen muss es neben dem notwendigen Protest gegen oder für konkrete Maßnahmen immer auch darum gehen, im Auge zu behalten, dass unser Institutionensystem intakt und stabil bleibt.

Wenn wir das auf die aktuelle Flüchtlingsproblematik übertragen, in der Europa für die vor Gewalt, Krieg und Zerstörung geflüchteten Menschen nicht zu gemeinsamer Hilfe gefunden hat, sondern wir im Gegenteil jetzt wieder vor hochgezogenen Grenzzäunen stehen, vor abgeriegelten Nationalstaaten, die keine Flüchtlinge mehr reinlassen, dann ist das Modell Europa und im Einzelfall auch das der Nationalstaaten kläglich gescheitert. Wenn wir es nun mit dem Thema gesellschaftlicher Protest und Einflussmöglichkeiten auf die Politik zusammenbringen, welche Möglichkeiten der Reaktion bestehen hier eigentlich noch? Es scheint, als seien allen bei diesem Thema die Hände gebunden und keiner weiß mehr so recht, wo die Dinge wie entschieden werden sollen.

Metzges-Diez: Ich denke, dass wir es heute grundsätzlich mit zwei Formen von Problemlagen zu tun haben. Einerseits gibt es in vielen gesellschaftlichen Fragen eine überzeugte progressive Mehrheit in der Bevölkerung bei gleichzeitig widerstreitenden starken Klientelinteressen, die eine gute Politik im Sinne der Mehrheit verhindern. In diesem Fall hilft, denke ich, Protest, und hier ist Campact eine gute Organisation, um öffentlich Antworten zu formulieren. Hier können wir uns organisieren, um weitverbreiteten Überzeugungen in der Bevölkerung eine Stimme zu geben. Schwierig wird es bei einem Thema wie dem der Flüchtlingsbewegung, bei dem Teile der Bevölkerung offenkundig geneigt sind, einer Politik der Exklusion und Abschottung zu folgen. Progressive Politik wird hier nicht so sehr durch konzentrierte Lobbyinteressen von Unternehmen oder Lobbyverbänden begrenzt. Es sind vor allem die nationalen Bewegungen, die derzeit europaweit solidarische und menschenwürdige Lösungen verhindern, mit denen dem Leid Hunderttausender begegnet werden könnte. Diese nationalen Bewegungen fordern erfolgreich die Abwendung von globalen, transnationalen Problemlagen wie der Flucht- oder Klimafrage. Das Potenzial für internationale Lösungen wird durch solche gesellschaftlichen Blockaden zerrieben.

An diesem Punkt haben wir mit Campact versucht, mit Kampagnen gegenzusteuern, indem wir Filme gemacht haben und einen Zehn-Punkte-Blogbeitrag über das Programm der AfD, der 1,5 Millionen Mal aufgerufen wurde. Gemeinsam mit Amnesty International, Pro Asyl, Brot für die Welt, dem DGB und einem riesigen Bündnis von weiteren Organisationen haben wir Menschenketten mit bundesweit mehr als 40 000 Menschen in großen deutschen Städten organisiert, um symbolisch Moscheen, Kirchen und Synagogen mit Flüchtlingsunterkünften zu verbinden. Wir haben damit gezeigt: Es gibt den starken Kern in unserer Gesellschaft, der sich gegen Rassismus und für die Aufrechterhaltung der Menschenwürde starkmacht.

Damit zu Campact, das unter anderem auch wegen der neuen digitalen Medien und neuer Aktionsmuster gegründet wurde. Wie stark ist dieser Einfluss?

Metzges-Diez: In den 1980er-Jahren hat Politik vor Bauzäunen stattgefunden, zumindest im Anti-Atomkraftbereich. Jetzt haben wir mit den digitalen Medien die Möglichkeit, innerhalb von ganz kurzer Zeit die gesellschaftliche Meinung Zehntausender öffentlich zu machen, und zwar zu einem Zeitpunkt, wo politische Entscheidungen noch offen sind. Also nicht, wenn schon alles beschlossen worden ist, sondern dann, wenn anstehende Entscheidungen im Bundestag und Bundesrat, in den Ländern, dem Europaparlament und den Regierungen noch besprochen und diskutiert werden. Die Möglichkeit der kostenlosen, extrem schnellen und breit vernetzten Kommunikation eröffnet einen

Raum von Partizipation, der bisher nicht verfügbar war. Die Organisation von Kampagnen hat früher einen großen Vorlauf gehabt, heute geschieht das quasi in wenigen Stunden durch eine Mail oder eine Facebook-Nachricht.

Kann man die Wirkung dieser neuen Protestform mit früher überhaupt noch vergleichen?
Metzges-Diez: Das wird immer wieder an uns herangetragen, aber so sehr unterscheiden wir uns bei Campact gar nicht von traditionellen Protestformen. Natürlich gibt es Online-Plattformen, auf denen man klicken kann, Petitionen, wo nichts weiter passiert, als zu sagen, klick hier und entscheide, ob du dieser Meinung bist. Ich denke nicht, dass das allein schon Wirkung entfaltet. Anders als bei solchen Plattformen wollen wir bei Campact dazu beitragen, dass eine Meinungsäußerung Hunderttausender anschließend auch wirkmächtig wird. Eine Kampagne startet normalerweise so: Zehntausende bis Hunderttausende Menschen stellen sich hinter einen Appell, dann sorgt Campact dafür, dass diese Meinungsäußerung bei den Verantwortlichen ankommt und spürbar wird. Das heißt, wir organisieren Übergabe- und Pressetermine, wir rufen die Unterzeichnenden auf, sich an dezentralen Diskussionsveranstaltungen mit Entscheidungsträgern zu beteiligen, oder wir veranstalten Demonstrationen.

Und mit jedem Appell abonnieren mehr Leute den Campact-Newsletter und werden darüber zu weiterem politischem Engagement eingeladen. So entsteht ein kommunikatives Netzwerk. Unterzeichner eines TTIP-Appells können wir einladen, die SPD-Parteibüros zu besuchen und zu Tausenden mit den Delegierten des SPD-Konvents zu diskutieren. Die Leute, die mitmachen, tun das, weil sie davon überzeugt sind, dass sie dazu beitragen können, etwas zu verändern oder durchzusetzen. Sie kommen in Kontakt mit Menschen vor Ort, sind im Diskurs und werden Teil der Debatte. Und genau das macht Demokratie aus und bildet den eigentlichen Wert einer Kampagne, die dann auch Politik verändern kann.

Das bedeutet, eure Kampagnen und Petitionen sind das Ergebnis eines demokratischen Prozesses? Oder geschieht das auf einer Ebene, auf der keine Rückkoppelung zu den Mitgliedern mehr stattfindet? Anders gefragt: Wie kommt es zu der Entscheidung, die eine Kampagne zu machen und die andere zu lassen, nach welchen Kriterien und von wem wird das entschieden?

Metzges-Diez: Wir haben zwei Wege, wie eine Kampagne zustande kommt. Entweder unsere Themenscouts weisen auf hochkochende Themen hin. Das sind zum größten Teil Politikwissenschaftler oder Journalisten, die bei uns arbeiten und die Themen sehr genau recherchieren. Auf der anderen Seite haben wir eine Petitionsplattform, die nennt sich WeAct, auf der wir unsere Aktiven auffordern, Kampagnen auch selbst zu starten.

Ein Beispiel: Vor ein paar Wochen gab es eine Kampagne gegen eine Veränderung im Sozialgesetzbuch zur Regelung im Hartz-IV-Gesetz für Alleinerziehende, die weitere Restriktionen für die Betreffenden bedeutet hätte. Das Thema ist von einer Einzelperson vorgeschlagen und an uns herangetragen worden. Wir haben die Kampagne dann an Campact-Aktive empfohlen, und es kamen Zehntausende Unterschriften zusammen. Unser WeAct-Team hat anschließend die Petentin dabei unterstützt, die Unterschriften am Rande einer Expertenanhörung im Bundestag an zuständige Politiker zu übergeben. Einen Tag später war das Thema vom Tisch.

Vor dem Start findet in der Regel eine Umfrage bei einer zufälligen Auswahl von Campact-Aktiven statt. Wenn das Thema auf Resonanz stößt, kann eine Kampagne starten oder von Campact unterstützt werden. Es kommt also darauf an, dass genügend Leute sagen, das überzeugt mich, da unterschreibe ich. Wenn eine Umfrage nur von 30 bis 40 Campact-Mitarbeitern unterschrieben wird, ergibt eine Kampagne schlichtweg keinen Sinn.

Man könnte ökonomisch übersetzt sagen: Ihr macht erst eine Marktforschung, ob das Produkt am Markt funktioniert?

Metzges-Diez: Politik erfolgt nicht nach einer Produktlogik, sondern kennzeichnend sind Überzeugungsprozesse, die ein Bestandteil von Demokratie sind. In diesen Prozessen setzen sich Menschen damit auseinander, ob ein bestimmter Ansatz, eine Initiative oder eine Kampagne die Gesellschaft zum Positiven verändern können.

Man könnte sagen, ihr geht wie in der Redaktionssitzung einer Zeitung vor, wo die Redakteure, die Fachleute zusammensitzen und Themenvorschläge diskutieren und dann beschließen, daraus eine Reportage zu machen oder die Recherche zu beginnen. Aber heute findet ein starker Differenzierungsprozess zu Themen wie TTIP statt. Die Themen sind höchst komplex. Empfindest du das nicht als extrem schwierig, Themen einer modernen Gesellschaft so zuzuspitzen, dass Leute dazu Ja oder Nein sagen können? Häufig wird ja auch Kritik an eurem Vorgehen geäußert, dass ihr eher auf Emotionalisierung als auf Reflexion in der Auseinandersetzung mit Themen setzt.

Metzges-Diez: Wir folgen grundsätzlich einem faktenbasierten Ansatz und behaupten nicht nur irgendwelche Dinge. Kritik an uns und unserem Vorgehen bleibt in ihrer Empörung regelmäßig den Beleg für Falschaussagen schuldig. Unser Ziel ist es, komplexe Politik verständlich zu machen und auf relevante Probleme hinzuweisen, die zum Beispiel durch die Einführung von Schiedsgerichten bei CETA entstehen. Um die daraus sich ergebenden Auswirkungen auf unsere Demokratie zu verstehen und bewerten zu können, braucht es aber nicht die Kenntnis sämtlicher Paragrafen des Vertragstextes. Wir wollen mit Campact eine erste Beschäftigung mit einem Problem anregen und geben dann bei Bedarf weitere Informationen und Links. Hinzu kommt, dass dieser Protest ja auch nicht allein von Campact getragen wird. Es gibt eine riesige Bandbreite von Organisationen – Kirchen, Gewerkschaften usw. –, und aus jeder dieser Perspektiven wird Kritik formuliert. Die Gewerkschaften konzentrieren sich auf die Frage von Arbeitnehmerrechten, die möglicherweise durch ein derartiges Abkommen beschnitten oder außer Kraft gesetzt werden. Gleichzeitig haben wir eine Studie in Auftrag gegeben, die untersuchen soll, welche Auswirkungen TTIP auf die Kommunen hat. Diese Studie haben wir breit kommuniziert und die Ergebnisse unseren Aktiven und Kommunalpolitikern als Argumentationsmaterial überlassen.

Sicherlich verbindet sich unser Ansatz nicht mit dem Neutralitätsanspruch beispielsweise eines Leitmediums, aber das ist nicht der Punkt. Wir sind eine Organisation mit einem progressiven Weltbild. Wir streiten für soziale Gerechtigkeit, für die Rechte nachfolgender Generationen, für Bürger- und Menschenrechte und einen starken, effektiven Sozialstaat. Wir wollen im weitesten Sinn politische Veränderungen erreichen. Das aber, wie gesagt, auf der Basis von Fakten. Wir gehen davon aus, dass Menschen über die Beteiligung an einer Kampagne auch verstehen lernen, wie Politik funktioniert. Dass Politik eben nicht von irgendwelchen Hintermännern irgendwo weit weg als eine Art Verschwörungsplan betrieben wird, sondern dass unterschiedlichste Akteure in der Demokratie über ganz konkrete und vielschichtige Themen streiten, um – im Idealfall – darüber zu möglichst sinnvollen Lösungen zu kommen, und dass wir uns als Bürger und Bürgerinnen in diesen Prozess einbringen können.

Stichwort: Big Data. Ihr habt eine unglaubliche Menge an Daten von und über eure Mitglieder. Wie geht ihr damit um? Ihr könntet auch Einzelprofile erstellen: Wer meldet sich wann zu welchen Themen? Woran ist er interessiert?
Metzges-Diez: Das ist ein sehr wichtiges Thema. In dem Moment, wo wir Daten speichern, entstehen Möglichkeiten der Auswertung und damit natürlich auch des Missbrauchs. Das ist besonders gravierend, wenn es um »politische« Daten geht. Gerade unsere eigene Geschichte lehrt uns, dass man damit äußerst sensibel umgehen muss. Wir speichern Daten nur, wenn wir dazu die Genehmigung von den Teilnehmern haben. Das ist sehr genau definiert und datenschutzrechtlich

extern geprüft und bestätigt. Dazu gehört eine klare Regelung der Datenlöschfrist nach einer Kampagne, in der eine gewisse Karenzzeit festgelegt ist, um oft noch eingehende Antworten auf Anfragen zum Beispiel von Politikern oder Informationen zu Nachfolgeaktionen weiterleiten zu können. Danach werden die Daten gelöscht und es bleiben nur die gespeichert, die wir für die weitere Zusammenarbeit benötigen. Wenn also jemand unseren Newsletter bestellt hat, können wir die Adresse auch weiterhin verwenden. Wir verfahren hier eng begrenzt im Rahmen des deutschen Datenschutzgesetzes. Campact speichert überdies keinerlei Nutzerdaten auf US-Servern. Einfach deswegen, weil wir in diesem Rahmen nicht garantieren können, dass die Daten dort sicher sind.

Habt ihr in den vergangenen Jahren eine stetige Zunahme der Resonanz erfahren oder sind die Zahlen sehr schwankend? Hängt die Teilnahme von den einzelnen Themen ab oder kann man insgesamt einen Trend feststellen, was die Bereitschaft für ein Engagement angeht?
Metzges-Diez: Campact wird größer und wir sind jetzt bei 1,8 Millionen Menschen, die den Newsletter bekommen. Dementsprechend wächst auch die Gruppe derer, die an den Aktionen online teilnehmen. Die Frage, welche Bedeutung der Faktor des Themas hat, kann ich im Einzelnen nicht beantworten. Ich gehe davon aus, dass die Campact-Aktiven sich die Themenvorschläge sehr genau anschauen, ob sie davon überzeugt sind und mitmachen möchten. Insofern unterscheiden sich die Teilnehmerzahlen stark. Bei einem Thema, das Menschen sehr stark aufregt, wie CETA, haben wir ein breiteres und intensiveres Engagement – in diesem Fall waren es 250 000 Menschen, die in Berlin auf die Straße gegangen sind und sich auch stark an Aktionen beteiligt haben.

Kannst du sagen, ob unter den 1,8 Millionen überwiegend jüngere Menschen sind, oder sind es auch ältere, sind es vorwiegend Akademiker? Gibt es Auswertungen, Profile oder Trends?
Metzges-Diez: Wir haben von den Aktionen, die wir durchführen, den Eindruck, dass wir relativ nahe am Bevölkerungsdurchschnitt sind. Es

gab eine vergleichende Studie über die TTIP-Demo von unterschiedlichen Universitäten, in der festgestellt wurde, dass die Teilnehmer eher aus gebildeten Schichten mit höheren Abschlüssen kommen.

Und die Altersstruktur?
Metzges-Diez: Genaue Zahlen dazu habe ich leider nicht. Wir sind aber auf jeden Fall keine Jugendbewegung. Und je nachdem, wann welche Aktionen stattfinden, formt sich auch die Teilnehmerstruktur. Auf einer Demo am Wochenende ist sie sicher heterogener, weil im Unterschied zu einem Wochentag sehr viel mehr Menschen die Zeit haben, zu kommen. Zur Altersverteilung bei der Teilnahme bei Petitionen kann ich wenig sagen, außer dass dort sehr viele Menschen das Angebot wahrnehmen, sich neben einem stressigen Job und neben der Familie an gesellschaftlichen Prozessen zu beteiligen beziehungsweise beteiligt zu bleiben.

Das Interesse an unseren klassischen Demokratieformen ist eher rückläufig. Das heißt: Die Wahlbeteiligung geht zurück, nicht mal mehr die Hälfte der Bevölkerung geht zu Wahlen. Teilhabe und Partizipation an der politischen Willensbildung sind in unserem Land, wie anderswo auch, zunehmend am Schwinden. Siehst du euer Engagement eher als Alternative, als politische Aufklärung für die schweigende Mehrheit? Oder ist es auch eine Gefahr beziehungsweise Konkurrenz für den demokratischen Willensbildungsprozess über Parlamente und Parteien?
Metzges-Diez: Natürlich brauchen wir Parlamente und gewählte Vertreter, die demokratisch legitimierte, bindende Entscheidungen treffen. Das kann nicht auf der Straße passieren. Campact ist darauf angewiesen, dass wir ein starkes Gegenüber haben, ein starkes Parlament, starke Parteien und dort starke Charaktere, die für ihre Ansichten streiten. Wenn das nicht der Fall ist, dann übersetzt sich Protest und außerparlamentarische Gestaltung nicht in legitimierte, demokratische Politik. Deswegen sehen wir unsere Aktivität als komplementäres Angebot. Demokratie braucht wache Bürger und Bürgerinnen, die sich

kontinuierlich oder zumindest immer wieder engagieren und Demokratie nicht nur alle vier Jahre über Wahlentscheidungen ausüben. Eine demokratisch wache Bevölkerung schützt die Demokratie auch vor ihren Verächtern.

Diesen Zusammenhang versuchen wir immer wieder klarzumachen. Ich würde mir unbedingt wünschen, dass mehr Menschen in die Parteien gehen. Ich befürchte nur, dass diese für viele heute nicht attraktiv genug sind. Das Parteiensystem erfüllt seine Aufgabe als Transmissionsriemen zur Gesellschaft damit nur unvollständig. Das ist ein Problem, das nicht durch Campact oder andere außerparlamentarische Initiativen verursacht wird. Ohne Frage sind Abstimmungsprozesse in der Politik generell heute komplexer, was eine große Herausforderung darstellt. Deshalb möchte ich auch keinen Vorwurf an die Parteien formulieren. Die Bindungsschwäche der Parteien ist aber ein Problem, das für die Demokratie und auch für unsere Arbeit ein großes Hindernis darstellt.

Das Thema unseres Heftes heißt »Welt verändern«. Die »guten alten Zeiten« der Protestkultur endeten damit, dass wenig bis nichts ausgerichtet wurde: Die technischen Großprojekte der 1980er wurden alle realisiert und der Grabgesang auf die Atomkraft wurde nur durch einen technischen Unfall ein paar Jahrzehnte später ausgelöst. Wir wollen noch mal auf den Unterschied früher – heute hinaus: Protestkultur war früher medial gut sichtbar, blieb aber im Ergebnis eher wirkungslos. Heute haben wir wenig mediale Repräsentanz in der öffentlichen Wahrnehmung, das hat sich mehr oder weniger komplett ins Internet, in die digitalen Räume verlagert. Da scheint sich doch dramatisch etwas geändert zu haben. Geht es nur um diesen medialen Wandel oder auch um einen Wandel in der Protestform?
Metzges-Diez: Dieser Bruch ist nicht ganz so stark wie in der Frage nahegelegt. Wir haben technische Möglichkeiten, die es früher nicht gab und die heute für die politische Arbeit genutzt werden. Mit diesen können Bewegungen sehr viel schneller, sehr viel breiter und zu ex-

trem geringen Kosten Aufmerksamkeit erzeugen. Und trotzdem finden heute große Demonstrationen statt, vielleicht größere als in den 1990er-Jahren, als das Internet noch nicht allgegenwärtig war. Wir haben 30 000 Menschen, die jedes Jahr im Januar auf die Straße gehen und für eine andere Landwirtschaftspolitik demonstrieren. Es gab ebenfalls sehr starke Demonstrationen gegen Vorratsdatenspeicherung und den Überwachungsstaat. Es gab große Aktionen »Zivilen Ungehorsams« gegen die Braunkohleverstromung. Gegen TTIP und CETA gehen Hunderttausende auf die Straße. Zu sagen, es finde nichts mehr auf der Straße statt und alles habe sich ins Internet verlagert, halte ich für nicht zutreffend. Eher kann man sagen, dass das Internet Bestandteil der heutigen Protestkultur ist. Diese findet weiterhin real statt und wird durch das Internet vielfach verstärkt.

Warum seid ihr eigentlich keine Partei? Geht doch einfach mit eurer Struktur in die Politik und werdet eine echte »Alternative für Deutschland«.

Metzges-Diez: Noch einmal: Ich halte es in einer Demokratie für zentral wichtig, dass es eine bewusste und meinungsstarke Zivilgesellschaft gibt. Wir müssen anerkennen, dass gesellschaftliche Partizipation nicht nur im Rahmen von Parteien erfolgt. Pluralität und Vielfalt in der politischen Meinungsfindung sind außerordentlich wichtig für eine Demokratie, und in diesem Zusammenhang spielt Campact genauso wie die vielen anderen zivilgesellschaftlichen Organisationen und Initiativen eine wichtige Rolle.

Wir erleben eine starke politische Vertrauenskrise, was den Willensbildungsprozess durch Parteien betrifft. Uns scheint in diesem Zusammenhang der Zugang zu Organisationen wie Campact einfacher oder vertrauensvoller zu sein.

Metzges-Diez: Der Zugang ist in der Tat einfacher, und es ist sehr viel leichter, in diesem Rahmen politische Perspektiven zu formulieren sowie Ansprüche an politische Entscheidungsträger zu richten. Parteipolitik ist dagegen zwangsläufig mit der Notwendigkeit von Kompromissen verbunden. Beide Seiten sind von Bedeutung. Die eine, die Zivilgesellschaft, aus der heraus Forderungen in einer pluralen Form formuliert werden, und die andere, die institutionalisierte Seite, die einen Umgang mit den Forderungen finden und gesellschaftliche Konflikte in demokratisch legitimierte Politik verwandeln und so Gesellschaft wieder befrieden kann. Es ist wichtig, für diesen komplizierten und schwierigen Prozess auch Verständnis zu schaffen. Ich teile keinesfalls die Einschätzung, dass es in Deutschland keine echten politischen Alternativen mehr gäbe. Wenn ich mir TTIP anschaue, dann sagen Grüne und Linkspartei, da machen wir so nicht mit, Schwarz-Rot sagt, wir wollen es machen – ein klassischer Meinungsstreit also, wie es sich gehört für eine Demokratie. Gleiches gilt für diverse andere Projekte. Ich denke schon, dass man hier von Differenz sprechen kann. Es wäre wünschenswert, wenn diese Differenz sich auch zwischen SPD und CDU deutlicher zeigen würde. Jahre der Großen Koalition sind für die Gesellschaft auf Dauer ein großes Problem. Das sehen wir nicht nur hier in Deutschland.

Blick zurück nach vorne. Was sind die Herausforderungen für die Zukunft und wie wird Campact sich voraussichtlich entwickeln? Wird sich euer Konzept, zivilgesellschaftliches Engagement über digitale Medien zu formulieren, zu aggregieren und darüber Anstöße und Impulse zu geben, weiter profilieren? Wie wird sich diese Welt verändern?
Metzges-Diez: Mein Eindruck ist, dass die Bedeutung von Massenmedien als Tor- und Qualitätswächter weiter zurückgehen wird. Auch Politiker und Parteien versuchen mehr und mehr, direkt mit Massen zu kommunizieren. Es ist ein Veränderungsprozess, der in erheblichem Maße die Frage des Politischen und der politischen Auseinandersetzung bestimmen wird. Wir brauchen Organisationen, die sehr genau darauf achten, dass die jeweils im Meinungsstreit herangezogenen Fakten solide sind und stimmen, um sich auf dieser Grundlage eine Meinung bilden zu können. Und eben nicht, wie man im Vorwege zur

Brexit-Abstimmung beobachten konnte, irgendwelche Geschichten in die Welt gesetzt werden, die letztlich nicht haltbar sind, aber als Basis für ein ganzes Volksvotum dienen.

Der Grundsatz der faktenbasierten Aufklärung muss erhalten bleiben. Das ist ein Punkt, der zentral wichtig ist und den ich als Herausforderung in dem Sinne sehe, dass wir gerade angesichts der Herausforderung AfD immer wieder gegen Mythenbildungen angehen müssen. Generell denke ich, dass eine stärkere Öffnung der Politik und Parteien notwendig ist, eine Neuformulierung der Parteienidentität, ein Weg, auf dem die Parteien ja schon unterwegs sind.

Campact will noch stärker dazu beitragen, dass Menschen sich ihr eigenes Bild machen und auch eigenverantwortlich politische Prozesse und Initiativen starten, sich noch umfassender zu engagieren, als nur durch die Unterstützung einer vorgeschlagenen Position. Die Gründung unserer Bürgerplattform WeAct war dazu ein erster Schritt. Wir müssen darüber hinaus deutlicher machen, dass Politik nahe bei den Leuten stattfindet, dass es in jedem Wahlkreis einen Wahlkreisabgeordneten gibt, den man ansprechen kann. Außerdem müssen wir uns überlegen, wie wir mit globalen Problemen und Themen, die auf der nationalstaatlichen Ebene nicht mehr lösbar sind, umgehen. Es braucht hier einen Fokus darauf, wie globale, transnationale Verantwortung in der Politik denkbar und möglich ist. Bei Campact haben wir vor jetzt anderthalb Jahren der Startschuss für WeMove gegeben, eine Schwesterorganisation auf europäischer Ebene. Sie will sich als europaweite Community von Bürgen direkt an Entscheidungsträger in Kommission, Ministerrat und Europäischem Parlament wenden. Sie spricht nicht mit einer deutschen, sondern mit einer originär europäischen Stimme. Das ist eine enorme Herausforderung. Es muss uns gelingen, einerseits die EU zu kritisieren und zu sagen, wir wollen eine andere europäische Politik. Dabei aber andererseits deutlich zu machen, dass es ohne die EU nicht geht.

Siehst du bei eurer Bottom-up-Strategie nicht auch die Gefahr, dass ganz andere Kräfte und Interessen diese Mechanik eurer Architektur missbrauchen oder instrumentalisieren für eigene Zwecke? Das Ganze ließe sich ja auch umdrehen, man könnte Campact auch für rechts oder andere Ideen bauen. Sprich: Je mehr Campact selbstorganisiert wird, desto stärker steigt die Gefahr des Missbrauchs?

Metzges-Diez: Nein. Campact ist eine Bewegung von Menschen, die sich für progressive Veränderung einsetzen. Zum Beispiel wird es auf der WeAct-Plattform keine Petitionen geben, die für die Schließung einer Flüchtlingsunterkunft eintreten. Wir haben einen Eckpunkterahmen, in dem wir sagen, hier findet verantwortliche Politik statt, das ist die Politik, für die wir stehen, für die wir Positionen formulieren, die nicht beliebig austauschbar sind. Bei uns sind ausschließlich solche politischen Initiativen willkommen, die zu diesen Eckpunkten passen. Für andere Anliegen gibt es genügend andere Plattformen im Internet.

Ihr müsst auch Geld einnehmen und eure Infrastruktur finanzieren. Wie ist das organisiert?

Metzges-Diez: Die Bereiche Transparenz und Unabhängigkeit sind uns enorm wichtig. Geld birgt immer die Gefahr, die Richtung, in die Menschen denken, zu beeinflussen. Wir haben das Glück, dass wir von unseren Mitgliedern getragen werden. Wir haben ungefähr 50 000 Förderer, die uns mit etwas mehr als 100 Euro pro Person und Jahr unterstützen. Wir sind also in der sehr komfortablen Situation, dass Campact durch sehr viele kleine Einzelbeträge finanziert wird, bei eher geringer Durchschnittsspende und ohne große Geldgeber, von denen wir abhängig sind.

Eine Abhängigkeit besteht natürlich: das ist die von der Community. Sie bestimmt, welche Politik sie mitträgt und welche sie gut findet. Wenn das nicht mehr der Fall wäre, hätten wir nicht nur ein finanzielles Problem. Natürlich rufen bei uns hin und wieder Journalisten an, um nachzubohren, ob wir in Sachen Transparenz selbst auch das leisten, was wir von anderen fordern. Dann verweisen wir sie auf unseren

Transparenzbericht verbunden mit dem Hinweis, dass wir für eventuelle Fragen jederzeit gerne zur Verfügung stehen. Bisher kam es nie zu nennenswerten Nachfragen.

Das Gespräch führten Peter Felixberger und Evelin Schultheiß am 6. Juli in Berlin.

Olaf Unverzart

Hundert

Ein runder Geburtstag

Für das Buch *Hundert* kehrt der Fotograf und Künstler Olaf Unverzart zurück in seine oberpfälzer Heimat, um das 100. Lebensjahr seiner Großmutter Barbara zu porträtieren.

In intimen Nahaufnahmen und Landschaftsbildern entfaltet er die Lebenswirklichkeit seiner Protagonistin zwischen Pragmatismus und Poesie.

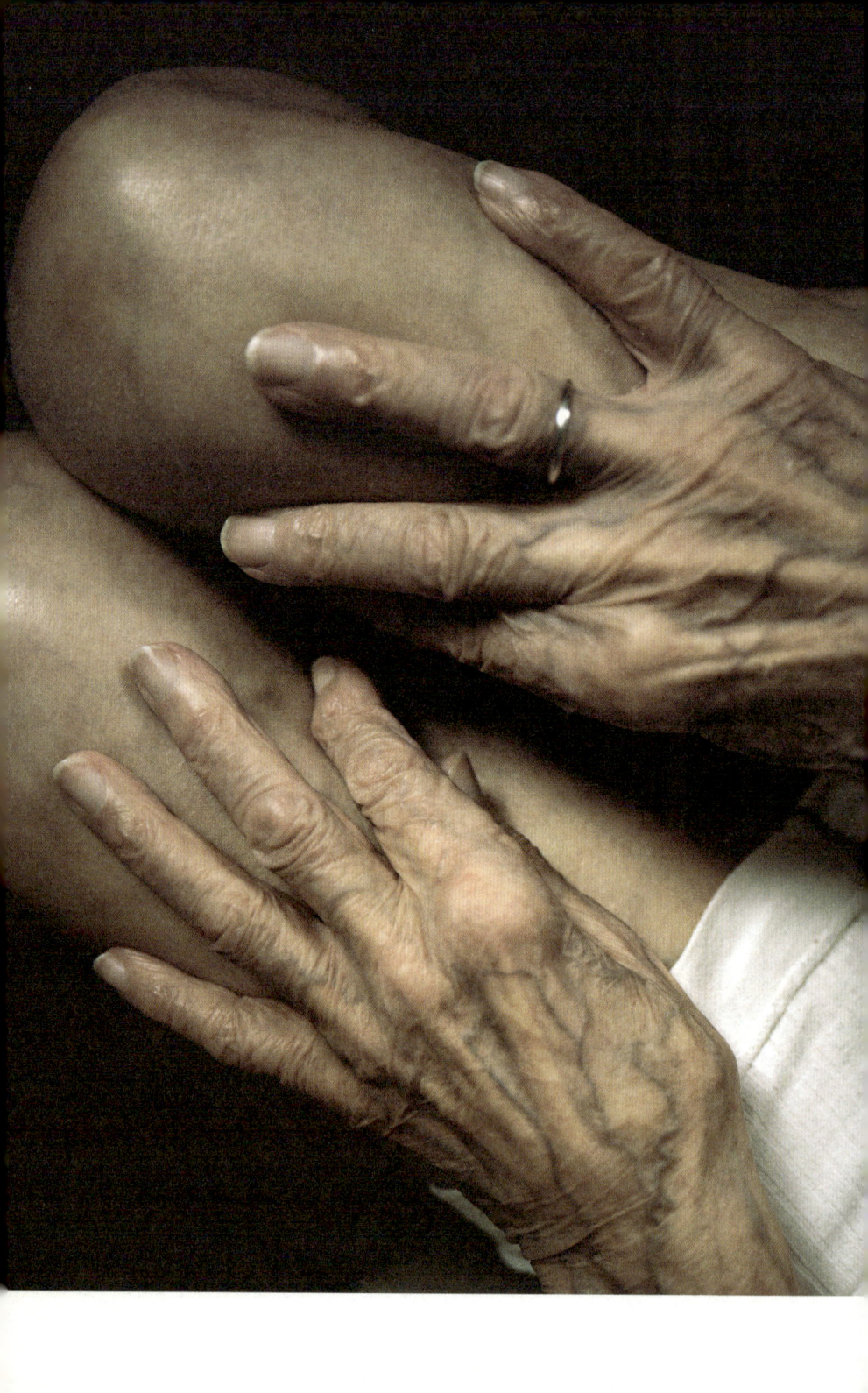

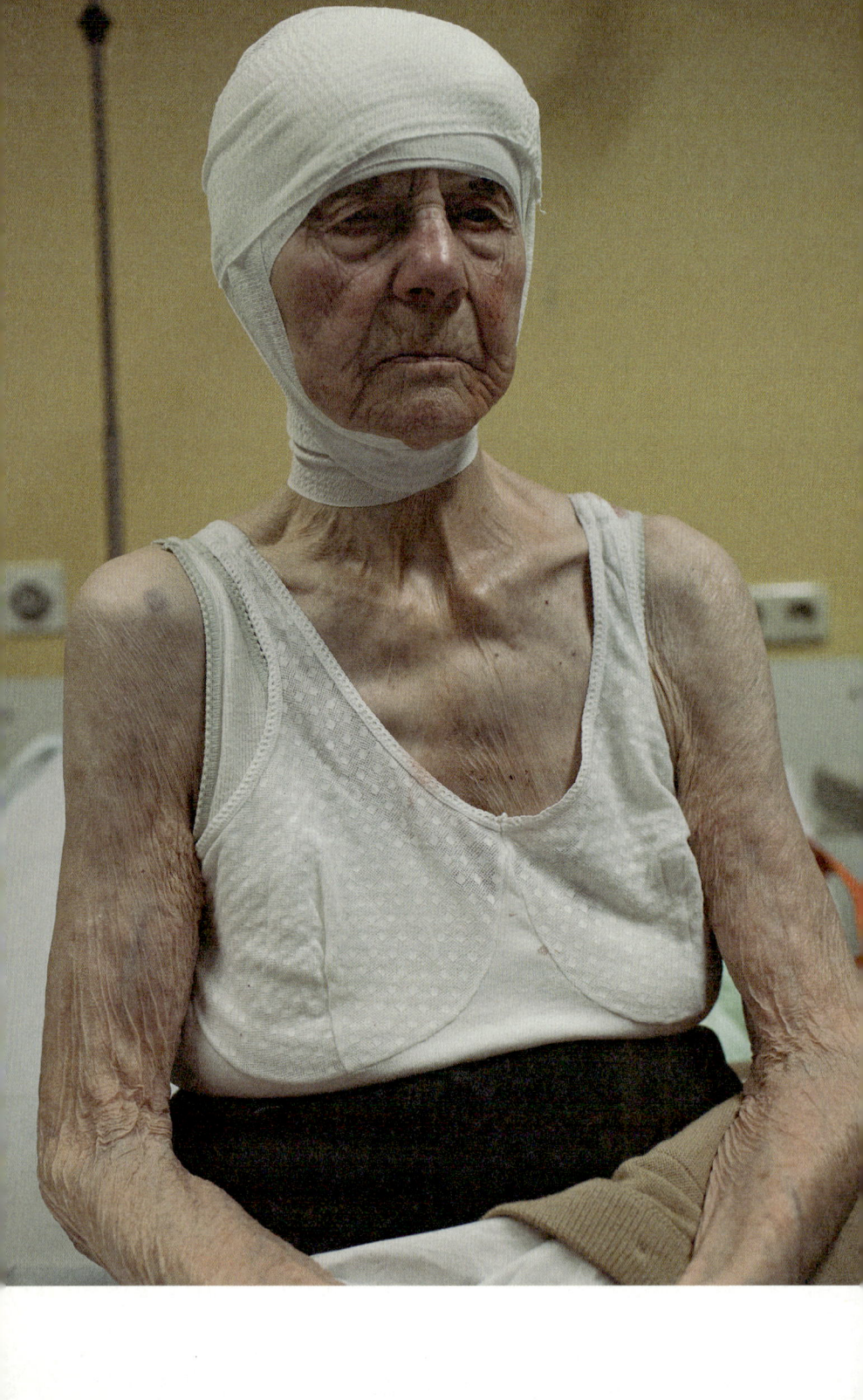

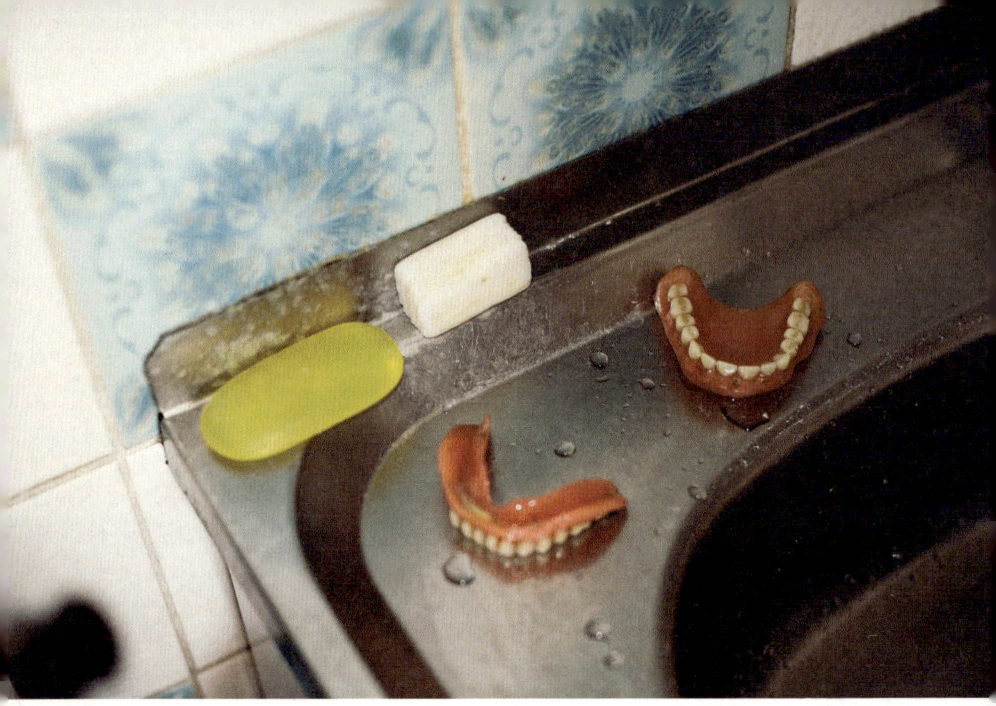

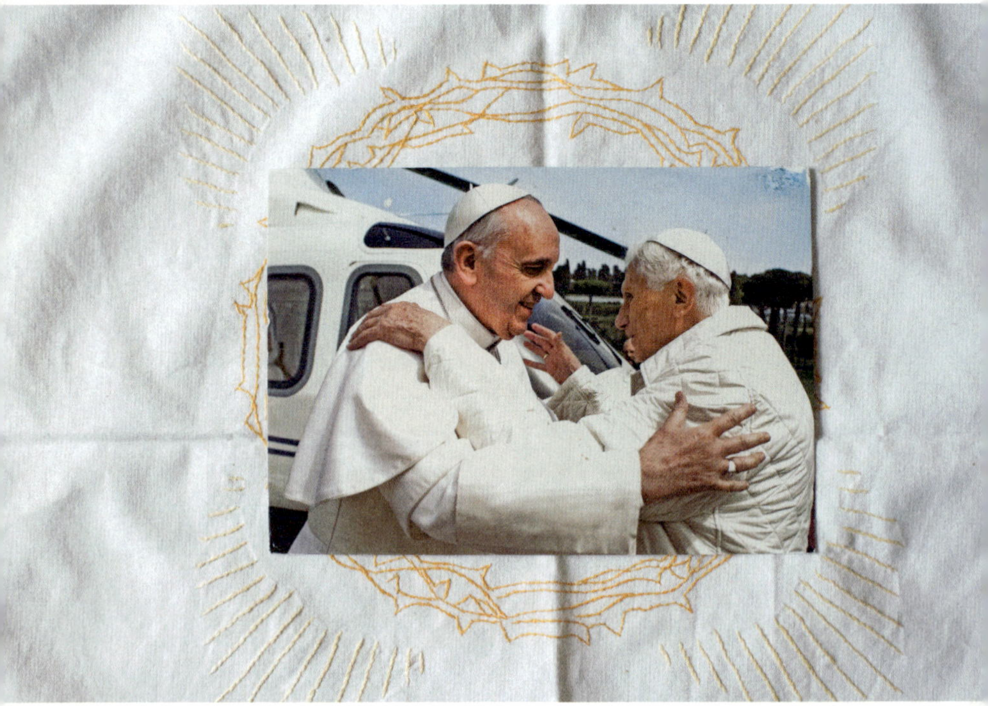

Wolfgang Schröter

Fluch des Mammons

Schicksal und Entscheidung in der Finanzkrise

Normalität und Zerstörung

Geld und Kredit. – Ewige Geißel der Menschheit oder integraler Teil des Fortschritts? Wie bei zwei elektrisch aufgeladenen Polen scheiden sich hier die Geister, immer bereit, aufeinander loszugehen, hochemotional, mal mit Argumenten, mal mit Taten. Für die einen ist es die immer gleiche Erzählung von Ausbeutung der Schuldner durch die Gläubiger, verbunden mit Repression, Versklavung, Wucher, überschäumender Gier, sozialer Ungleichheit und Mega-Krisen. Für die anderen ist Geld und Kredit essenzieller Bestandteil der fortschreitenden Geschichte, verbunden mit Innovation, Arbeitsteilung, Emanzipation und Wohlstand. Wie kommt es, dass bei einem Medium des Tausches, der Wertaufbewahrung sowie gegenseitiger Ansprüche und Verpflichtungen die Interpretationen über seine Eigenschaften so weit auseinanderklaffen?

Vielleicht liegt es daran, dass Geld und Kredit schon in seinem Wesen potenzielle Gegensätze in sich trägt: etwa stabil und fragil zu sein, konkret und abstrakt, Vertrauen bildend und Vertrauen zerstörend, ausgleichend und spaltend, mächtig und ohnmächtig oder friedensstiftend und kriegstreibend. In welchem Aggregatzustand sich Geld und Kredit gerade befindet, hängt also davon ab – aber wovon genau? Allein vom Auge des Betrachters? Von der inneren Beschaffenheit des Systems? Von den Banken? Von der Politik und damit vom Staat? Von gesellschaftlichen Veränderungen? Von den internationalen Beziehungen?

Fest steht: Das Thema Geld und Kredit hat viele Facetten, und diese verändern sich ständig. Dabei nehmen wir in normalen Zeiten die darin wirkenden Kräfte kaum wahr. Mit diesem Medium bestreiten wir unseren Lebensunterhalt, lassen uns unsere Arbeit entgelten, zählen unser Vermögen, zahlen unsere Steuern, sparen für die Zukunft und verschulden uns darin über Kredit.

Genau das ist der Sinn und Zweck der monetären Welt. Ohne diese Eigenschaft der vermeintlichen Selbstverständlichkeit und Unsichtbarkeit der in ihr wirkenden Beziehungen wäre sie nie entstanden. Manche nennen das die Magie des Geldes. Es ist nicht unser bewusstes Nachdenken über den inneren Zustand, sondern die vegetative Kraft des kollektiven »Daran-Glaubens«, die Geld und Kredit in einer arbeitsteiligen Welt so attraktiv macht. Dies setzt eine für alle verständliche, rechenbare und über die Zeit beständige Ordnung in den Beziehungen unter Menschen, in den Gesellschaften sowie in und unter Staaten voraus. Es ist dann Aufgabe des Staates, der Zentralbanken, der Finanzindustrie, des Rechts und der internationalen Beziehungen, dieser Ordnung ein Siegel der Stabilität zu verleihen. So entsteht Vertrauen in unsere gegenseitigen monetären Tauschtransaktionen, Verpflichtungen und Ansprüche.

Aber wehe, wenn dieses Vertrauen auf breiter Front verloren geht. Dann entsteht aus der Magie von Geld und Kredit ganz schnell eine kollektive Phobie. Auf einmal entpuppt sich die ehemals vegetativ empfundene Normalität als ein Wust bewusst wahrgenommener Kreditbeziehungen, denen der Boden der Gewissheit entzogen wird. Geld und Kredit wird dann zum Austragungsort widerstreitender Interessen mit hohem Eskalationspotenzial. Am Ende jagen die Schuldner die Gläubiger oder die Gläubiger jagen die Schuldner oder sie jagen sich alle gegenseitig. Nach diesem Treiben weiß zumeist keiner mehr, was der tatsächliche Ursprung der daraus folgenden Katastrophe eigentlich war. Klar ist nur: Die meisten Gläubiger haben dabei einen Großteil ihrer ehemaligen Ansprüche verloren. Und die Schuldner fühlen sich verhöhnt, verarmt und versklavt.

Deshalb der seit Jahrhunderten immer gleiche Hass auf die Geldwirtschaft, wenn Banken, Währungen und die Finanzmärkte zusammenbrechen, wenn sich Vermögen in Luft auflösen und wenn sich vermeintliche Sicherheiten als trügerisch erweisen. Mit der Krise von Geld und Kredit ist immer eine Krise der Finanzindustrie verbunden. Aus stürzenden Schuldentürmen wird persönliche und kollektive Schuld einer ganzen Profession. Das war schon immer so, das gilt auch heute, und doch ist dies nur die halbe Wahrheit.

In Wirklichkeit waren und sind ausgreifende Schuldenkrisen viel mehr als nur Krisen von Geld und Kredit, sowohl in ihrem Ursprung wie auch in ihren Konsequenzen. Die instabil gewordenen Gläubiger-Schuldner-Verhältnisse in den Finanzmärkten zeigen nur die Spitze eines Eisbergs, dessen tatsächliche Masse sich weitgehend unterhalb der Oberfläche befindet. Eine große Schuldenkrise ist nicht nur Auslöser, sondern auch Spiegel aus dem Gleichgewicht geratener Ordnungen, seien sie politischer, wirtschaftlicher, sozialer, gesellschaftlicher oder geopolitischer Art.

Zu Beginn einer solchen Krise scheint sich alles nur um den schnöden Mammon zu drehen. Aus lange als normal angesehenen monetären Beziehungen entsteht Misstrauen. Dann droht für Gläubiger wie für Schuldner materieller Verlust. Als Ergebnis daraus entsteht Konfrontation. Die folgenden Auseinandersetzungen zwischen Schuldnern und Gläubigern nähren dann die politische, wirtschaftliche und gesellschaftliche Eskalation, die in ihrem nächsten Stadium in eine Phase der Zerstörung übergeht. Daraus wiederum entsteht etwas Neues, anderes, oftmals kommt es zu einer Zäsur, einem Bruch in der Zeit, eine neue Normalität kann, muss aber nicht entstehen.

So war das in der Französischen Revolution, die als Schulden- und Finanzkrise des Ancien Régime begann und über den Zusammenbruch der neuen Revolutionswährung, der Assignaten, nach nur vier Jahren eine neue Krise aus sich heraus gebar. Revolution, Gegenrevolution, Krieg und Bürgerkrieg wechselten sich ab, bis Napoleon eine neue Ordnung schuf. Ähnliches ereignete sich in der aus den Fugen stabiler Schuldner-Gläubiger-Beziehungen geratenen Welt nach dem Ersten Weltkrieg, sowohl zwischen Siegern und Besiegten wie auch innerhalb der Siegermächte, aber auch im Verhältnis der Sieger und Besiegten zur neu entstehenden Sowjetunion und zum sich in Kontinentaleuropa ausbreitenden Faschismus. Die Folgen dieser Eskalation sind bekannt – nationale Abschottung, Weltwirtschaftskrise, Totalitarismus und ein neuer Weltkrieg.

Warum haben instabil gewordene Schuldner-Gläubiger-Beziehungen eine solche Zerstörungskraft? Was sind die inneren Zusammenhänge zwischen Schuld und Schulden und was bedeutet das für uns heute, fast zehn Jahre nach Beginn der internationalen Finanz- und Staatsschuldenkrise?

Staat und Ideologie

Ähnlich wie die Antipoden Krieg und Frieden oder Liebe und Hass zeigen Schuldenkrisen die Menschen und ihre Gesellschaften in ihren rationalen, mehr aber noch in ihren irrationalen Denk- und Verhaltensmustern. In allen drei Fällen entsteht durch Scheitern einer Beziehung ein massives Problem: Im Fall von Kriegen werden Nachbarn zu Feinden, im Fall der Umkehrung von Liebe entsteht Hass und im Fall von Schuldenkrisen werden ehemals zumeist im guten Glauben geschlossene Gläubiger-Schuldner-Verhältnisse konfrontativ. Wer trägt dafür die Verantwortung? – Die Antworten darauf unterscheiden sich diametral, sind jeweils abhängig davon, ob man die Schuldner oder die Gläubiger befragt. Genau darin liegt das Problem.

Schulden selbst fragen nicht nach Erklärungen, sie fordern Leistung, über Zinsen, Zinseszinsen und über die Rückzahlung des ausgeliehenen Kapitalbetrags. Sie sind vermeintlich neutral. Schuldner hingegen sind genauso wie ihre Gläubiger Partei. Im Fall der drohenden Insolvenz suchen die Schuldner Auswege, sei es, indem sie die Validität der Schuldversprechen infrage stellen, indem sie über die Einforderung der Streckung der Laufzeit oder der Senkung der Zinsen darauf pochen, auch weiterhin gute Schuldner zu sein, oder indem sie nachzuweisen versuchen, dass nicht sie, sondern andere für die Nichterfüllung verantwortlich sind. Die Gläubiger hingegen pochen auf Erfüllung.

Wenn sich diese Probleme wie heute in milliardenfachen, international vernetzten staatlichen, privaten und finanzwirtschaftlichen Schuldversprechen ausdrücken, dann versteht man, dass Schuldenkrisen eine Vielzahl von irrationalen Affekten nach sich ziehen. Ihre Verlaufsformen sind allein mit den Regeln des Insolvenzrechts, finanzwirtschaftlichen Thesen oder volkswirtschaftlichen Theorien nicht zu fassen. Schuldenkrisen beginnen als sich Vertrauenskrisen, in denen sich ein beschleunigendes Scheitern von Beziehungen unter Menschen, aber auch das Scheitern von Institutionen, Banken, Finanzmärkten, Regierungen, politischen Parteien, von Gesellschaften, von ganzen Staaten bis zum Scheitern der internationalen Beziehungen spiegelt.

Davor erschallt der Ruf nach dem rettenden und den Markt in die Schranken weisenden Staat. Das hat aber nur dann eine minimale Erfolgschance, wenn der Staat nicht selbst über alle Ohren bei seinen Bürgern oder – was die Rationalität weiter einschränkt – zusätzlich im Ausland verschuldet ist. Dann wird es brandgefährlich. Die Finanzbeziehungen werden in einem solchen Fall von drei Seiten bedroht: Erstens von der eigenen Bevölkerung, die bei der notwendigen staatlichen und finanzwirtschaftlichen Entschuldung in den Modus des Verteilungskampfes gezwungen wird. Zweitens von dem massiv gewachsenen Misstrauen gegenüber der Finanzwirtschaft, die mit viel kollektivem Geld der Allgemeinheit gerettet werden muss oder – mit nicht geringeren Kosten – völlig in sich zusammenbricht. Und drittens von den Gläubigern im Ausland, denen sowohl der Staat wie auch die eigene Bevölkerung konfrontativ gegenüberstehen, weil die Letzteren, die sowieso schon im Krisen- und Zwangssparmodus leben, eine Rückzahlung leisten sollen, die nicht ihnen, sondern allein Dritten außerhalb ihrer eigenen Gesellschaften zugutekommt. Dieser Umstand hebt das Eskalationspotenzial dann auf die internationale Bühne und schafft so konfrontative Gegenpole, wie sie die beiden Finanzminister Schäuble und Varoufakis im Fall der Griechenland-Krise personifiziert haben.

Seitdem Menschen vor mehreren Tausend Jahren sesshaft geworden sind und Verträge untereinander schließen, sprechen Schuldner in Schuldenkrisen ganz schnell von den Ketten der Schuld- oder Zinsknechtschaft, die es zu sprengen gilt. Die Geldverleiher in der Geschichte, die Finanzwirtschaft in der modernen Welt sowie die Gläubiger im Ausland sind damit die ersten natürlichen Projektionsflächen für linke wie rechte Veränderungsideologien. So waren in den frühen 20er-Jahren des letzten Jahrhunderts Hitler und Lenin sich weitgehend darin einig, wie mit den eskalierten Schuldner-Gläubiger-Verhältnissen nach dem Ersten Weltkrieg umzugehen sei. Der eine wollte Banken und Versicherungen verstaatlichen oder am besten ganz abschaffen. Der andere – und er tat das auch – das gesamte Geld- und Kreditsystem auf den Haufen der Geschichte werfen. Der Angriff auf die Finanzmärkte war dabei für beide nur ein Zwischenschritt. In Wirklichkeit wollten und schufen sie zwei neue totalitäre Staaten.

Geld und Kredit ist in seiner Ordnung und Funktionsfähigkeit immer auch essenzieller Teil politischer Machtausübung. In letzter Konsequenz seiner Unordnung dagegen führt es zur politischen Ohnmacht. Die durch den Schuldenfuror verwaiste staatliche Ordnung schafft dann Räume für Umsturz, Revolution und Autokratie. Damit wird klar: Geld und Kredit ist hochpolitisch, unabhängig davon, ob sich das System im Gleichgewicht befindet oder ob es in sich zusammenbricht. Jedoch nur im zweiten Fall, also in dem Moment, wenn der Angriff der staatlichen Ordnung gilt, nehmen wir das bewusst wahr. Und dann ist es meistens zu spät.

Irrationalität und Tragik

Will man die gegenwärtige Schuldenkrise in ihrer Gefährlichkeit auch nur im Ansatz als gesellschaftliches und politisches – und nicht nur als finanzwirtschaftliches – Phänomen verstehen, dann muss man der Irrationalität als Erklärungsmuster Ausdruck verleihen. Was ist mit Rationalität am wenigsten zu erklären? – Die Kunst. – Und welche Art von Kunst kann uns möglicherweise vor Augen führen, was uns droht, wenn wir den seit Jahrhunderten immer wieder neu gelebten irrationalen Handlungsmustern der Eskalation von Gläubiger- und Schuldnerpositionen auch in der gegenwärtigen Krise folgen? – Vielleicht hilft die Kunstform der Tragödie.

Wie in der Tragödie enden auch in Schuldenkrisen die menschlichen Beziehungen und gegenseitigen Verpflichtungen im Scheitern und in der Verzweiflung. Aus der Normalität entwickelt sich die tragische Ausnahme. Wie Schuldenkrisen nährt sich die Tragödie von gebrochenen Versprechen und von vergeblichen Versuchen, die fragil gewordenen Beziehungen doch noch irgendwie wieder ins Lot zu bringen. Ihre Spannung schafft die Tragödie über die List der gespaltenen Perspektive. Im tragischen Drehbuch verfolgt das Publikum die Herausforderungen und die Taten des Protagonisten, leidet mit ihm, weiß mehr als er, kann aber nicht eingreifen, während der Held blind und ungebremst in sein Unglück läuft.

Eine erste Blüte erlebte die Tragödie als Bühnen- und Schauspielkunst vor zweieinhalbtausend Jahren im antiken Griechenland. Schriftsteller wie Aischylos, Sophokles und Euripides lieferten sich anlässlich der jährlichen Dionysos-Feiern einen heftigen Wettstreit um die Gunst der dem Drama entgegenfiebernden Zuschauer. Die Amphitheater wurden zum Resonanzbogen einer sich verändernden Gesellschaft. Die Menschen lösten ihr Schicksal von den Göttern und verstanden sich zunehmend als selbstverantwortliche, aber auch als fehlbare, schuldhafte Wesen. Ist es ein Zufall, dass kurz vor dieser Zeit die ersten Münzen entstanden? Wo verlaufen die Verbindungslinien zwischen griechischer Tragödie und der Schuldenkrise von heute? Wer hat das Drehbuch geschrieben? Wer schreibt es weiter? Sind wir dabei etwa der tragische Held?

Im bis heute aufgeführten Klassiker *König Ödipus* lässt Sophokles seinen Protagonisten auf die perfideste aller denkbaren Möglichkeiten scheitern. Er lässt ihn unschuldig schuldig werden. Gewarnt vom Orakel will Ödipus nur das Beste. Er weicht den ihm vorausgesagten Risiken bewusst aus und erreicht damit das genaue Gegenteil. Er weiß nicht, dass er Opfer eines gebrochenen Versprechens seines Vaters geworden ist. Der hatte seine Mutter über den Versuch, einen Königssohn in sein Bett zu zwingen, hintergangen. Ein doppeltes Verbrechen, Ehebruch und versuchte Vergewaltigung waren der Ausgangspunkt der tragischen Handlung. Daher der Fluch auf die ganze Sippe, allen voran auf Ödipus, den Sohn.

Als dieser am Ende der Entgleisungen und Verwicklungen damit konfrontiert wird, dass er entgegen seiner Absicht sowohl seinen Vater erschlagen, seine Mutter geheiratet wie auch mehrere Kinder mit ihr gezeugt hat, weist er die Schuld weit von sich, bis die Pest in der Stadt Theben, ein von den Göttern nicht akzeptiertes Opfer und der Seher Theresias ihm keine andere Wahl mehr lassen. Wie vom Orakel prophezeit, muss Ödipus am Ende einsehen, dass er große Schuld auf sich geladen hat. Danach blendet und verflucht er sich, zwingt sich selbst zur Emigration und läuft ohne Augenlicht an der Hand seiner Tochter und Halbschwester Antigone aus der Stadt. Der Fluch wütet in seiner Familie mehrere Generationen.

Und doch bleibt am Ende nicht nur das Grauen. Aus diesem Schuldteppich erwächst neben dem Geschenk der Tragödie als Literaturgattung an die Welt die Prosperität einer neuen Stadt. Im Mythos wird Athen nach dem Untergang Thebens zum unangefochtenen Machtzentrum Griechenlands. Mit der Mechanik eines Uhrwerks stranden auf dem Weg dorthin unzählige Menschen, Familien, politische Gemeinschaften, blutig, tödlich, tragisch, ohne Happy End. Hollywood ist mit seiner Schlusswendung ins romantisch Verklärte noch fern. Nicht das

Gute, nicht die Absicht zählt, sondern das auf die Spitze getriebene Drama der menschlichen Kreatur, bis zum bitteren Ende. – Willkommen in der Schuldenkrise!

Täuschungen und Enttäuschungen

Die alten Industrienationen – die USA, Japan, Kanada, Großbritannien, Frankreich, Deutschland, Italien und viele mehr – kommen dieser unaufhaltsam auf eine Eskalation sich zuspitzenden Entwicklung inzwischen sehr nahe. Nein, nicht die Griechen, die Iren, die Portugiesen oder die Spanier sind hier in erster Linie gemeint. Ohne Zweifel stehen diese Länder vor sehr ernsten Herausforderungen, die sich sowohl als Wirtschafts- wie auch als Finanz- und Staatsschuldenkrise äußern. Und ihre Schulden sind über den Euro integraler Teil eines staatenübergreifenden Gesamtproblems. Supranationale Solidarität, nationale Souveränität sowie die politisch bewusst angelegte Ambivalenz eines Euro-Währungsvertrages sind dabei die schwer aufzulösenden Widersprüche.

In diesen Ländern finden aber seit 2010 schmerzhafte Anpassungen statt, Ausgang offen. Man mag diese Entwicklung tragisch nennen. Die wirkliche Tragik findet sich aber dort, wo die Krise noch nicht offen ausgebrochen ist.

Wir, die wir in den vermeintlichen Noch-nicht-Krisenländern leben, sind es, die nicht sehen wollen, was doch nicht mehr zu übersehen ist. Unsere in den letzten Jahren und Jahrzehnten eingegangenen Schulden und erworbenen Ansprüche sind zu einer massiven Bedrohung unserer Gesellschaften und Staaten wie auch zu einer Gefahr für unser internationales Zusammenleben geworden. Von den langfristig damit verbundenen Risiken wenden wir immer wieder unseren Blick ab und beruhigen uns damit, dass wir, anders als diejenigen, die schon in der Schuldenfalle sitzen, auch heute noch in der Lage sind, neue Schuldversprechen aussprechen zu können.

Dabei haben wir wie Ödipus beste Argumente, von unseren guten Absichten ganz zu schweigen. Waren es nicht die Finanzmärkte, die sich 2008 selbst entleibten und seitdem als Hauptverursacher der Krise entlarvt sind? Sind die meisten Staatsschulden nicht in gutem Glauben, im gesellschaftlichen Konsens und als Ergebnis demokratischer Prozesse entstanden? Ist es nicht ein Zeichen ziviler Stärke, wenn entwickelte Gesellschaften, anstatt immer nur die kalte Kraft des Marktes gelten zu lassen, auch die am Wohlstand teilhaben lassen, deren Schultern nicht so stark gebaut sind? Aber auch, ist es nicht an der Zeit, dass der Staat nach den Exzessen der Deregulierung und des Neoliberalismus endlich wieder den Primat über Wirtschaft und Finanzwirtschaft zurückgewinnt? Und schließlich, sind die Schulden nicht weitgehend die Schulden der anderen, der Griechen, der Finanzmärkte, der Amerikaner, der Zentralbanken?

Schuldenkrisen sind auf vielfache Weise anfällig für gefährliche menschliche Täuschungen. Schuldner und Gläubiger wollen lange nicht erkennen, dass die vertraglich vereinbarten Leistungen nicht mehr erbracht werden können. Zu viel steht für beide auf dem Spiel, falls es schiefgeht. Die Täuschung ist ein Kind der Angst vor der Enttäuschung. Dies besonders dann, wenn es sich wie gegenwärtig um unglaublich hohe Beträge und um Schuldner handelt, die in stabilen Zeiten über alle Fragen erhaben sind.

Wenn Staaten, internationale Banken und die inzwischen global verwobenen Finanzmärkte gleichzeitig in eine große Schuldenkrise geraten, wird die Täuschung zu einem gesamtgesellschaftlichen, staatenübergreifenden Phänomen. Das hat einen einfachen Grund: Es entsteht kollektiv das Bewusstsein, dass es sich dabei um einen massiven Angriff auf die staatliche, die wirtschaftliche, die soziale und die internationale Ordnung handelt. Um dem entgegenzutreten, werden die geltenden Gesetze der Insolvenz ausgehebelt, wenn nötig auch unter Brechung geltenden Rechts. Kreditfälligkeiten werden zeitlich gedehnt, alte Schulden durch neue ersetzt, Zinsen künstlich gesenkt, kranke Schuldversprechen von Spezialisten auf Intensivstationen am Leben erhalten und bestehende Regeln der Kreditbegrenzung vom Tisch gewischt.

Die Staaten, die Gesellschaften und die Finanzmärkte verhalten sich dabei aus ihrer jeweiligen Sicht rational, würde ein anderes Verhalten doch sowohl die Staaten als Schuldner und Gläubiger, ihre Gesellschaften in ihren Verpflichtungen und Ansprüchen oder die Finanzindustrie in ihrer Funktionsfähigkeit infrage stellen, mit absehbaren Kontaminationen von allem, was mit dem System der Schuldversprechen verbunden ist. Weil unser gegenwärtiges Geld allein aus Schuldversprechen besteht und unsere gesamte private wie auch staatliche Lebensführung stärker als jemals zuvor in den Geld- und Kreditkreislauf eingebettet ist, geht es für den Fall des Scheiterns um nichts Geringeres als ums Ganze. Im Eskalationsfall müssten Ansprüche und Schulden in und zwischen Staaten gegeneinander verrechnet oder, weil wertlos, auf null gestellt werden. Die Wirtschaft würde in eine tiefe Rezession, mehr noch, in eine strukturelle Abwärtsspirale gerissen. Der schuldenbedingte Verteilungskampf würde die staatliche Ordnung aus den Angeln heben. Der soziale Frieden wäre Geschichte. Staaten würden gegeneinander aufgebracht. Alle hätten verloren.

Ausnahme und Ohnmacht

Wenn Staaten und der internationalen Gemeinschaft Verluste in diesem Ausmaß drohen, dann entwickelt sich, solange noch Hoffnung auf einen Ausweg besteht, daraus ein Bollwerk der kollektiven Wehrhaftigkeit von Schuldnern und Gläubigern, dieses Netz aus Versprechen erst einmal nicht reißen zu lassen. Eine Koalition der Willigen setzt alles daran, schwach gewordene Fäden durch neue zu ersetzen. Diese Reparaturversuche sind aber nicht mit der grundsätzlichen Bereitschaft verbunden, die zu hohen Schuldentürme in den Staaten und Finanzmärkten abzubauen. Dafür wäre auf nationaler wie auf internationaler Ebene ein schmerzhafter Prozess notwendig, dass auch die mit den Schulden verbundenen Ansprüche gekürzt oder aufgehoben werden müssten. Nein, dazu wiederum sind wir als Gläubiger, als Wähler oder als Politiker nicht bereit.

Also werden die Schuldentürme gestützt, verschoben, verwaltet oder, wenn es nicht mehr anders geht, eben schöngeredet. Die Angelsachsen haben dafür einen treffenden Begriff geschaffen: »Extend and pretend« – also die Schulden von Gläubigerseite her in die Länge ziehen und von Schuldnerseite her gleichzeitig so tun, als ob man in der Zwischenzeit seine Aufgaben erledigen würde. Schuldner wie Gläubiger verlassen die internationalen Konferenzen mit der Botschaft, die Herausforderungen gemeinsam meistern zu können, ohne das zu verlieren, was Menschen und Gesellschaften für ein geregeltes Leben am meisten brauchen: Sicherheit, Normalität, Vertrauen. Alles in Ordnung also? – Mitnichten, die kommunizierte Ordnung ist nur noch Fassade, dahinter herrscht eine Mischung aus Angst, Aktionismus und Glaube an Beschwörungsformeln, bei den Handelnden wie bei den Betroffenen, bei den Staaten, bei den Zentralbanken wie in der Finanzindustrie.

Mit diesem kollektiven Pochen auf Normalität in Zeiten der Ausnahme verknüpft sich unser hilfloses Sehen als Betrachter und das Nicht-sehen-Wollen als tatsächlich Handelnde zunehmend zu einem tragischen Strang. Anders als in der antiken Tragödie sind wir aber in der Schuldenkrise von heute Zuschauer und Helden wie auch Gläubiger und Schuldner in einem. Das Sehen, das Nichtsehen, die Bühne, der Zuschauerraum, das Handeln und das Unterlassen verschmelzen zu einer Einheit. Dabei steigen die Einsätze. Es sind zunehmend die Schulden, nicht wir selbst, die den Takt angeben. Sie entwickeln, wenn sie sich strukturell verfestigt haben, ihre eigenen physikalischen Kräfte, die am Ende größer sind als alle unsere Anstrengungen, sie zu bändigen.

Die Schulden verändern inzwischen uns, nicht mehr wir sie, solange wir sie im Kern ihrer Leistungsversprechen unangetastet und damit in ihrer Höhe weiter wachsen lassen. Sie verschwinden eben nicht durch Umbuchungen, neue Versprechen, Schattenhaushalte, innovative Derivate oder Streckungen. Ganz im Gegenteil, wie Wasser finden sie immer wieder ihren eigenen Weg und durchkreuzen unsere Agenda der Beschwichtigung in den Staatshaushalten, in den Finanzmärkten, in der Wirtschaft, in unseren Sozialbilanzen wie auch in den internationalen Beziehungen.

Der Stachel, den sie haben, ist der Zins. Der wiederum ist heute die Abzinsung einer Zukunft, vor der wir zunehmend zurückschrecken. Auch deshalb tun wir in der Krise alles, den Preis von Geld und Kredit gegen null oder ins Negative gehen zu lassen – nur um sofort von den Schulden erneut überrascht zu werden. Sie präsentieren uns dann neue Phänomene wie etwa den Anlagenotstand für die Sparer, eine neue Diktatur der Schuldner oder massiv gestiegene Kosten für versprochene, zukünftige Geldleistungen wie Renten, Pensionen oder Versicherungen. Im Gegensatz zu Menschen lassen sich Schulden nicht überlisten. Und wir müssen erkennen: Eine Welt ohne Zins ist eben nicht, wie von der römisch-katholischen Kirche seit dem späten Mittelalter propagiert, menschen- und gottgerecht. Ganz im Gegenteil, die Welt, in der Kredit seinen Preis verliert, wird zu einer Welt der Ausnahme, der Investitionsruinen, des wirtschaftlichen und politischen Niedergangs, der sozialen Kälte und der kaum mehr aufschiebbaren Konfrontation.

Aus Angst vor der größtmöglichen Enttäuschung, dem Zusammenbruch unserer Schuld- und Leistungsversprechen, führen wir gegenwärtig ein globales Schuldendrama in Echtzeit auf, anders als bei den alten Griechen bisher noch ohne Schlusschor, und auch noch offen in der Frage, ob wir dem Stück eine andere, eine weniger einschneidende Wendung geben. Noch liegt es an uns, die Tragödie nicht bis zum Ende zu spielen, aber die Umstände stehen schlecht. Nicht die Schulden und unsere gegenseitigen Ansprüche, sondern die Frage, wer die Schuld für das mögliche Scheitern trägt, treibt uns um.

Unser Wissen über die Funktionsweise von Mobiltelefonen oder über Ernährung ist inzwischen um vieles größer als unser Wissen über die Kräfte, die bei fragilen Schuldversprechen am Werk sind. Je mehr wir in einer Welt dominiert von Geld und Kredit leben, umso weniger scheinen wir davon zu verstehen. Aus dem monetären Nichtwissen und dem Nicht-wissen-Wollen schaffen wir unsere eigenen Paradoxien. Anstatt die Schulden in ihrer Entstehung, ihren tieferen Ursachen und ihren fatalen Konsequenzen zu hinterfragen, stellen wir öffentliche Pranger für diejenigen auf, die sich schuldig gemacht haben. So verständlich das ist: Weil wir es dabei belassen und nicht tiefer graben, bleiben wir blind für die Wirklichkeit, die uns doch zunehmend zu verstehen gibt, dass es sich dabei um eine gesamtgesellschaftliche, eine systemische Herausforderung für uns alle handelt.

Dabei erwachsen aus ehemals über neue Versprechen generierten Freiheitsgraden, Wohlstandssicherungen und im Konsens gewachsenen politischen Entscheidungen zunehmend Zwänge, Ungerechtigkeiten, tatsächliche oder vermeintliche Alternativlosigkeiten sowie staatliche und finanzwirtschaftliche Repression. Wie von Puppenspielerhand gezogen schleicht sich die Schuldenkrise zunehmend in unseren Alltag. Sie spaltet Gesellschaften in der Vermögens- und Einkommensentwicklung, aber auch zwischen den Generationen oder Nationen und macht uns zu Zynikern sowohl gegenüber der repräsentativen Demokratie wie auch gegenüber der Marktwirtschaft. Aus der Geschichte wissen wir: Die Zerstörungsbereitschaft im Denken ist nur die Vorstufe für die Zerstörung im Handeln.

Ahnung und Blindheit

Den konkreten Umgang mit der Krise überlassen wir dagegen immer noch weitgehend den Spezialisten, Politikern, Bankern, Bürokraten oder Wissenschaftlern, die allesamt mit der vermeintlichen Rationalität ihrer eigenen Profession an das Thema herangehen. Wir ahnen es: Weil diese immer noch von einer vermeintlichen Normalität ausgehen und weil deren monetäre Entscheidungen zwar uns alle, sie aber persönlich kaum betreffen, wird das tragische Script weiter fortgeschrieben. Mit den Schulden wachsen unsere Ängste und mit den Ängsten wächst das kollektive Schweigen. In unseren Köpfen breitet sich zunehmend Unsicherheit aus: den erworbenen Wohlstand, die Banken, die Politik, die Eliten, die Marktwirtschaft, die Generationengerechtigkeit, Institutionen generell, die Nachbarstaaten betreffend. Dasselbe gilt für die Globalisierung wie auch für die Digitalisierung.

Der Schatten einer kommunizierten, aber nicht mehr bestehenden Normalität ist das Unbehagen. Es gibt kaum noch etwas, das wir nicht infrage stellen. Ehemals positiv besetzte Begriffe formen wir inzwischen sarkastisch um. Wachstumsfetischismus, Finanzkapitalismus, Neoliberalismus, Globalisierungswahn, Kaputtsparen, Überwachungsstaat oder TTIP sind zu politischen Kampfbegriffen geworden. Die Ursprungsbegriffe wie Wachstum, Finanzen, Freiheit, Marktwirtschaft, Sparen, Digitalisierung, Rechtsstaat oder Aufhebung von Handelsschranken haben ihre Strahlkraft verloren. Auf die wachsende Komplexität und Bedrohung der Schuldentürme antworten wir mit Vereinfachungen, Zuspitzungen oder mit Ablehnung. Und wir wenden uns wieder denen zu, die uns mit linken oder rechten Sirenengesängen in eine Zukunft locken wollen, die in der ersten Hälfte des 20. Jahrhunderts die Welt schon einmal in den Untergang geführt hat.

Nur eines stellen wir nicht infrage: uns gegenseitig immer mehr zu versprechen und uns vom Staat, von den Finanzmärkten und den Zentralbanken immer mehr versprechen zu lassen. Was wir dabei ausblenden? – Alles hat zwei Seiten. Schuldversprechen leben von Soll und Haben. Die Leistung des Gläubigers und die Erfüllung des Schuldners sind asymmetrisch – in der Zeit. Es ist leichter, Schuldversprechen einzugehen, als sie zu erfüllen. Das gilt für Individuen, für den Finanzmarkt, aber auch ganz besonders für den Staat und ganze Staatengruppen.

Ein halbes Jahrhundert hat dieses System funktioniert, seit 2007 schlägt es mit zunehmender Wucht zurück. Lange haben wir das Drehbuch geschrieben und dabei vergessen, die Begrifflichkeiten und Aufgaben von Staat und Markt in einer sich schnell verändernden Welt anzupassen und neu gegeneinander abzugrenzen. Ja, das hätte zu harten politischen, wirtschaftlichen und sozialen Auseinandersetzungen geführt, national und international. Und die hätten es in sich gehabt. Aber genau dazu waren und sind wir nicht bereit. Als Alternative haben wir die Finanzindustrie von der Leine gelassen, aber nicht in erster Linie, weil wir an den inzwischen viel gescholtenen Neoliberalismus geglaubt haben, sondern weil wir nur durch die Überdehnung des Finanzsystems die Staatsschulden machen konnten, die uns heute so massiv zusetzen. Die Finanzkrise und die Staatsschuldenkrise sind eben nicht, wie von Politikern immer wieder neu bekräftigt, zwei separate, voneinander unabhängige Themen. Beide korrelieren ursächlich nicht nur eng miteinander, sie bedingen sich geradezu. Ohne die ausufernden Staatsschulden hätte es keine systemische Finanzkrise gegeben, und ohne eine aus dem Ruder gelaufene Finanzindustrie hätten sich die Staaten niemals im bekannten Umfang verschulden können. Wie konnte das passieren, und warum waren und sind wir uns dessen nicht bewusst? – Weil es leichter ist, Geschenke anzunehmen und zu verteilen, als Kosten zu verbuchen und zu bezahlen! Das gilt für Banker, für Politiker und für Wähler gleichermaßen.

Mit der Euphorie von Kindern an Kindergeburtstagen waren wir davon überzeugt, dass mit dem Fall der Berliner Mauer auch das Ende der konfrontativen Geschichte gekommen sei; dies sowohl in unseren Gesellschaften und Staaten wie auch in den internationalen Beziehungen. Konsens war angesagt. Als gefühlte Gewinner des Kalten Krieges wurden wir großzügig, uns selbst und anderen gegenüber. Anstatt harte Debatten über die Aufgaben von Markt und Staat oder über die inneren Konflikte zwischen Verteilungs- und Wachstumsfragen zu führen, haben wir uns gegenseitig sehr viel versprochen – über neue, in den Staatshaushalten, in supranationalen Verträgen und in den Finanzmärkten generierte Ansprüche und Schulden. Aus ehemaligen »Entweder-oder-Fragen« machten wir »Sowohl-als-auch-Antworten«. Aus der Alternative »mehr oder weniger Staat?« oder »weniger oder mehr Markt?« machten wir einfach beides. Staat und Markt grenzten sich in ihren Aufgaben nicht mehr gegeneinander ab, sie begannen, sich gegenseitig immer stärker zu durchdringen, mit dem Resultat: mehr staatliche Regulierung, zu große Unternehmenseinheiten, ein völlig aus dem Ruder gelaufener Wirtschaftslobbyismus, ein undurchdringliches Steuerrecht, die Bevorzugung von Fremd- gegenüber Eigenkapital, eine viel zu große Anzahl von sich widersprechenden Sozialgesetzen, ein Euro in der Krise oder eine staatlich-wirtschaftliche Vermischung ganzer Industrien wie etwa bei Versicherungen, Pharma, Gesundheit oder in der Energiewirtschaft.

Entscheidend aber: Bei den nach Ende des Kalten Krieges anfallenden »Windfall-Profiten« vergaßen wir, die damit verbundenen langfristigen Kosten in unseren staatlichen und finanzwirtschaftlichen Bilanzen einzupreisen. Das Ende der Sowjetunion, die Öffnung Chinas für die Weltwirtschaft, der damit einhergehende Globalisierungsschub, die Digitalisierung, unsere sich verbessernde Umweltbilanz, die EU-Osterweiterung, die Einführung des Euro und die demografische Entwicklung haben wir ausgiebig gefeiert. Friedensdividende, iPhone, Kleidung und andere Produkte zu Niedrigstpreisen aus den Schwellenstaaten, fallende europäische Grenzzäune, wieder saubere Flüsse und die deutlich gestiegene Lebenserwartung haben wir als Gewinne verbucht.

Die damit verbundenen Verbindlichkeiten und Unwägbarkeiten haben wir dagegen weitgehend ausgeblendet. Die wachsenden Kosten der inneren und äußeren Sicherheit in einer multilateral und damit fragiler werdenden Welt, die Abwanderung ganzer Industrien in die Schwellenländer, der über Produktivitätsfortschritte erzwungene Wegfall einfacher menschlicher Tätigkeiten in unseren Ökonomien, die dadurch stark gestiegenen Bildungsanforderungen gerade für die Nichtprivilegierten in einer sich schnell verändernden Arbeitswelt, der Export unserer industriellen Dreckschleudern nach Asien und Südamerika, die Infragestellung vieler Geschäftsmodelle durch die Digitalisierung, die Spaltungskräfte eines ambivalenten Euro-Währungsverbundes oder die massiv gestiegenen Kosten für Alter, Krankheit und demografischen Wandel haben wir bei der Berechnung unserer wachsenden Gläubiger-

Schuldner-Positionen in den Staaten, in unseren supranationalen Verträgen wie in den Finanzmärkten unter den Tisch fallen lassen.

Langsam wird uns klar: Die staatliche, wirtschaftliche und finanzwirtschaftliche Leistungsfähigkeit der westlichen Staatengemeinschaft ist deutlich geringer als unsere in den letzten Dekaden ausgesprochenen Schuld- und Leistungsversprechen. Die zu hohen Schulden finden sich sowohl in den Staatshaushalten, in den Sozial- und Rentenbudgets, in maroden Brücken, Straßen oder Schulen, in einem nach wie vor viel zu hohen Anteil an schlechten Krediten in Banken, in viel zu großen und zu hoch verschuldeten Unternehmen, in massiv gestiegenen Abbrecherquoten für Haupt- und Mittelschulen, in vielen Stadtbildern überschuldeter Kommunen, in einem kaum mehr wahrnehmbaren Wirtschaftswachstum, in einer untragbaren Jugendarbeitslosigkeit in den europäischen Südländern, in einer wegbrechenden Geschäftsgrundlage der Versicherungswirtschaft, in zu geringen Neuinvestitionen für Infrastruktur bei gleichzeitigen Preisexplosionen von Immobilien oder Aktien, in schnell wachsenden Löchern unserer Pensionskassen als auch in zunehmenden wirtschaftlichen Ungleichgewichten und Haftungsrisiken innerhalb des Euro-Verbundes.

Trotz dieser eindeutigen Zeichen wird die Gefahr der finanzwirtschaftlichen Eskalation von einem Großteil der politischen und wirtschaftlichen Eliten bis heute heruntergespielt. Sie wird nur dann thematisiert, wenn individuelle Lobbyinteressen im Feuer stehen oder wenn neue schuldenbedingte Flächenbrände gelöscht werden müssen. Anstatt sich den finanzwirtschaftlichen und staatlichen Schuldentürmen in ihrer Gesamtheit ernsthaft und grundsätzlich zuzuwenden, führen wir politische Schuld- und Gerechtigkeitsdebatten, sprechen uns gegenseitig weitere Versicherungen aus und gaukeln uns eine Normalität vor, die selbst in unseren kühnsten Träumen nicht mehr vorkommt.

In Wirklichkeit ist die Schuldenkrise vor allem unsere eigene Wahrnehmungskrise. Wie bei Ödipus steht vor der fatalen Blendung die selbst verordnete Blindheit. Als Kompensation unserer Unwilligkeit und Unfähigkeit, die aufgelaufenen Schulden und Ansprüche als unser eigenes Problem zu erkennen, machen wir uns zu öffentlichen Richtern über Einzelne, die konkrete Schuld auf sich geladen haben. Das beruhigt uns. Mehr noch, wir benutzen diese Boulevardisierung und Skandalisierung eines großen gesellschaftlichen und politischen Problems als probates Schlafmittel. Und vergessen darüber, dass die kollektive Genugtuung über die Aufdeckung der Vergehen von Uli Hoeneß, der Deutschen Bank oder der Briefkastenfirmen in Panama auch die Arzneien sind, die uns daran hindern, unsere eigenen Schulden und Ansprüche als das wahrzunehmen, was sie inzwischen geworden sind – Projektionen, Ängste und Schuldzuweisungen, die mit einer tragfähigen Zukunft nicht mehr korrespondieren.

Scheitern und Entscheidung

Wir werden uns entscheiden müssen – oder die Schulden werden das für uns tun und das Band all dessen, was uns in den letzten Jahrzehnten lieb und teuer geworden ist, zerreißen: das Band der repräsentativen Demokratie und einer funktionierenden Marktwirtschaft, das Band unseres Wohlstands und der sozialen Gerechtigkeit und, in der letzten Stufe, das Band des inneren und äußeren Friedens.

Wollen wir der Ödipus-Falle noch entkommen, müssen wir eine Antwort auf die Frage finden: Kann es bei Geld und Kredit Fortschritt im Scheitern geben? Oder konkreter: Können wir uns als staatliche, supranationale und private Gläubiger und Schuldner auch im Scheitern weiterhin als Gemeinschaft begreifen und damit verhindern, den Staat – oder im Fall der EU den Staatenverbund –, den Le Pens, den Johnsons, den Wilders, den Trumps, den Gaulands oder den Wagenknechts vor die Füße zu werfen? – Zugegeben, das wird schwer. Sowohl unsere Affekte, unsere Geschichte, der Politik- und Medienbetrieb wie auch die Finanz- und Volkswirtschaft sprechen dagegen. Sie alle gehen bei nicht erfüllbaren Schulden von der immer gleichen Abfolge aus: zuerst Beschwichtigung, dann Konfrontation, daraufhin Sanktion und schließlich der Versuch, die mit den Krediten verbundenen Pfänder einzulösen. Wenn am Ende nichts mehr geht, dann eben Eskalation und Zerstörung, bis von der alten staatlichen, ökonomischen und sozialen Ordnung nicht mehr viel übrig bleibt.

Falls wir die Ödipus-Tragödie auch diesmal zu Ende spielen, dann ist und bleibt Geld und Kredit eben nur in stabilen Zeiten ein Teil unserer Fortschrittsgeschichte. Im Scheitern dagegen entpuppt sich dieses Medium dann wieder einmal als der immer gleiche archaische Zerstörer von allem, das auch nur im Ansatz einem von uns gewählten Ordnungs- und Repräsentationsprinzip unterliegt.

Dabei haben wir in den letzten Jahrzehnten auf einigen Gebieten gelernt, die Eskalation zumindest ansatzweise zu vermeiden. Wir wissen etwa heute, dass es bei Angriffskriegen nichts mehr zu gewinnen gibt. Im privaten Bereich gibt es ebenfalls erste Zeichen von Fortschritt im Scheitern. Eine zunehmende Anzahl getrennter Paare begreift sich trotz der Beendigung der Beziehung ihrem ehemaligen Partner und ihren gemeinsamen Kindern gegenüber als funktionierende Verantwortungsgemeinschaft. Auch in der Frage der Ehre haben wir uns weitgehend von den Affekten der vergangenen Jahrhunderte gelöst. Duelle sind zumeist nur noch in Historienfilmen zu sehen. Deeskalation als Fortschritt ist also grundsätzlich möglich.

Welche Überlegungen könnten uns helfen, auch unsere massiv gefährdeten Gläubiger-Schuldner-Beziehungen weniger brachial als in der Vergangenheit zu bereinigen? – Zugegeben, jede Antwort muss hier spekulativ bleiben. Im Grundsatz gilt jedoch: Die politische Konfrontation, Dekonstruktion und Eskalation hat schon begonnen. Wer hätte vor einem Jahr ernsthaft geglaubt, dass die pragmatischen Briten, die Europa sowohl die moderne Demokratie, den Liberalismus wie auch den Markt geschenkt haben, sich tatsächlich aus der EU verabschieden würden? Was heißt das für Länder wie Frankreich oder Italien, in denen die politischen Abspaltungskräfte – genauso wie die Schulden – seit Jahren am Wachsen sind? Oder wer hätte es vor zwölf Monaten für möglich gehalten, dass in den USA Donald Trump sich als Präsidentschaftskandidat der Republikaner durchsetzen würde? Spaltungen und Abspaltungen sind keine Drohungen mehr, ihre Äxte sind schon voll am Werk.

Wollen wir die zunehmenden Brüche noch kitten, dürfen wir den entscheidenden Themen bei den Grundfragen von Markt und Staat, von Ansprüchen und Verpflichtungen, von Leistung und Gegenleistung, von Gerechtigkeit und Ungerechtigkeit sowie von den Aggregaten Normalität und Ausnahme nicht mehr ausweichen. Vieles von dem, was wir in der Vergangenheit als nachhaltigen Konsens verstanden haben, stellt sich heute als ein Nichtentscheiden, ein Aufschieben heraus – auf Zeit. Und diese Zeit ist jetzt abgelaufen.

In der Frage der anstehenden Auseinandersetzungen wird es nicht mehr reichen, die anderen, die gegensätzlicher Meinung sind, als vermeintliche Populisten an den Pranger zu stellen. Unsere zivilisatorische Decke ist aufgrund begründeter Ängste vor dem monetären Super-GAU inzwischen weit dünner, als dies unsere eingeübte sprachliche Korrektheit und die gelebte Rhetorik in Talkshows glauben machen wollen. Die latenten linken wie rechten Ideologien haben uns schon heute viel mehr im Griff, als wir es zuzugeben bereit sind. Wenn in der Öffentlichkeit oder in den Medien sprachlich und inhaltlich etwas völlig aus dem Ruder läuft, tun wir inzwischen das, was wir am besten können: Wir reagieren betroffen. Diese Betroffenheit, begleitet von »Shitstorms« in den digitalen Medien, müssen wir durchbrechen. Es ist immer noch besser, mit Worten zu streiten, als allein die Waffen des erhobenen Fingers und der Empörung in Anschlag zu bringen. Sie sind nur die Vorboten von weit Schlimmerem. Wir leben inzwischen in einer Welt der Ausnahme, nicht nur monetär, sondern auch politisch, wirtschaftlich und sozial.

Heißt das, den wachsenden linken und rechten Gruppierungen den öffentlichen Raum zu geben, den sie immer wieder lauthals einfordern? Erstens ja und zweitens ja! Ja zum einen, weil wir nur über inhaltliche Debatten mit ihnen in der Lage sind, sie in ihren letzten Zielen, nämlich autokratischer Sozialismus oder völkischer Machtstaat, zu enttarnen. Ja auch deshalb, weil viele der von ihnen aufgeworfenen Fragen tatsächlich relevant sind. Nur ein Beispiel: Die Eliten haben in den letzten Jahrzehnten einen Großteil der Globalisierungs-, Finanz- und Digitalisierungsgewinne eingestrichen, während viele, die sich noch vor zwei Jahrzehnten als Mittelschicht begriffen, die dafür anfallenden Kosten in Form von stagnierenden Einkommen und drohendem oder schon eingetretenem sozialem Abstieg zu tragen haben. Die bisherigen Antworten der Politik, der Medien und der öffentlichen Debatte, nämlich Beschwichtigung und wenn nötig Sozialpolitik nach dem Gießkannenprinzip, werden die damit verbundenen Probleme nicht mehr lösen. Dafür haben wir weder das Geld noch das notwendige Wirtschaftswachstum. Die monetären Verteilungsspielräume der Vergangenheit sind erschöpft.

Die Hooligans, die linken Autonomen und die rechten Gröl- und Schlägertrupps haben wir schon verloren. Um diese müssen sich die Polizei und die Gerichte kümmern. Gerade vonseiten der Erfolgreichen dagegen muss deutlich mehr kommen, wenn ihnen an unserem gesellschaftlichen und staatlichen Verbund noch etwas liegt. Die wachsende Lücke zwischen Nation und einer sich globalisierenden Welt haben sie genutzt, um ihren Status, ihre Einkommen und ihre Vermögen deutlich zu steigern. Sie haben überdies die persönliche Verantwortung für das Scheitern zunehmend dem System überlassen. Das gilt für Unternehmer, Banker, Manager, NGOs, paritätische Wohlfahrtsverbände, Gewerkschaften und Politiker gleichermaßen. Heute wissen wir: Dieses als Repräsentation angelegte, in Wirklichkeit sich aber als zunehmender Lobbyismus von Einzelgruppen manifestierende System steht vor dem Scheitern. Das gilt für diejenigen, die uns alle drei Monate immer wieder aufs Neue die schlimmsten Armutsberichte vorlegen, genauso wie für die Globalisierungsgewinner, die sich zunehmend einer internationalen Elite zurechnen, ohne die Kosten ihres Handelns für ihre Nationen miteinzubeziehen. Die monetäre Krise ist auch ein Spiegel der Krise der Repräsentation, sowohl politisch, wirtschaftlich wie sozial. Lange wurden die divergierenden Gruppeninteressen mit

Geld und Kredit aus staatlichen und supranationalen Töpfen oder aus Luftbuchungen der Finanzmärkte zugekleistert. Damit ist jetzt Schluss, weil auch das von uns entwickelte System der monetären Versprechen selbst seinem Ende entgegengeht. Die Grundfragen über die Rolle von Staat, Markt und Repräsentation dagegen liegen unbeantwortet vor uns.

Alle gesellschaftlichen Gruppen müssen sich entscheiden: sich ehrlich machen oder sich weiterhin hinter Gruppeninteressen verschanzen, aufeinander zugehen oder der Eskalation ihren Lauf lassen, persönliche Verantwortung neu verankern oder weiterhin die Gewinne privatisieren und die Verluste kollektivieren, und, am schwersten, freiwilliger Verzicht oder erzwungene Zerstörung. Wenn wir den Staat – unter Einschluss unserer supranationalen Einheiten wie der EU oder der Euro-Zone – und den Markt auch weiterhin nur als Milchkühe von Gruppeninteressen ansehen und beide nicht wieder als schützenswerte, voneinander unterscheidbare, aber auch als aufeinander angewiesene Gemeinwesen begreifen, dann werden wir sie in ihrer jetzigen Form verlieren: den Staat als repräsentative Demokratie und als Gewährträger sozialen Ausgleichs sowie den Markt als Basis für Wachstum und Einkommen.

Finden wir auf diese Herausforderungen keine nachhaltigen Antworten, dann gnade uns Gott, oder wie es Sophokles gesagt hätte: Dann sind wir Ödipus und wir werden wie Theben enden. Und nur eine Frage bleibt schlussendlich noch zu beantworten: Wer wird dann das neue Athen sein? – Eine Mischung aus Wall Street, CIA, Silicon Valley, Putin, Maoismus, pazifischem Becken und Schanghai? – Unsere Nachkommen werden es herausfinden. Wie auch immer, dann, endlich, sind wir als identifizierbarer, gestaltender und in vielen Grundwerten übereinstimmender Westen nur noch Geschichte. Viele auf diesem Planeten werden das als Fortschritt sehen, für Europa hingegen wird es ein großer, vielleicht unumkehrbarer Rückschritt sein. Dann wird der Halbkontinent wieder zu dem, was er vor der griechischen Antike schon einmal war – ein Wurmfortsatz Asiens.

Noch liegt es an uns, dies zu verhindern. Dafür müssen wir aber beginnen, ernsthaft über Geld und Kredit zu sprechen. Und zwar nicht nur wie bisher über weitere Versuche, unsere Gläubiger- und Schuldnerpositionen zu kitten, sondern über die Zerstörungskraft, die uns droht, wenn wir auf die offenen Fragen von Markt und Staat keine neuen Antworten finden.

Birger P. Priddat
Tante Emma, Big Brother
Wie Märkte ihre Käufer zurichten

Von den vielen Änderungen, die die Welt in unseren Zeiten erfährt, fällt an den Märkten besonders auf, wie schnell sie neue Waren, Angebote, Bedeutungen offerieren. Im Wettbewerb tauchen ständig neue Produkte auf: nicht nur in der Mode und bei den Automobilen, wo wir es gewohnt sind, sondern auch bei den Nahrungsmitteln, den Wellnessangeboten und Sportarten, den elektronischen Geräten, die heute zu den notwendigen Begleitmaschinen zählen. Aber es geht nicht nur um elektronische Produkte, sondern vor allem um die über das Internet laufenden elektronischen Handelsformen. Der E-Commerce lässt in der Digitalisierung aller Informations-, Werbungs- und Transaktionsbeziehungen eine Bild-, Zeichen- und Informationsdimension einziehen und ändert dadurch Marktkulturen auf eine Art und Weise, die mit dem, wie wir Märkte bis heute zu betrachten gelernt haben, nichts oder nur noch wenig zu tun haben.

Der Laden

Ich kenne noch die kleinen Läden, in denen man alles kaufen konnte, was für die Versorgung der umliegenden Haushalte nötig war. Vieles wurde »lose« verkauft: Heringe aus dem Fass, Sauerkraut oder auch Butter, Mehl und Zucker aus Säcken, Milch aus einer Pumpe, unter die man mitgebrachte Aluminiumkannen hielt. Zigaretten wurden zum Teil sogar einzeln abgegeben, ebenso Bonbons für die Kinder. Auf einer für alle einsehbaren Tafel wurde »angeschrieben«, das heißt, Kredite, die der Ladeninhaber säumigen Hausfrauen zugutehielt, wurden offengelegt. Die Läden boten Lebensnotwendiges an, bei nur wenigen Luxuswaren wie Schokoladen, Liköre, manchmal Wein. Für das Viertel reichte das Angebot völlig. Man ging nicht einkaufen, sondern »holte« das, was man »brauchte«. Die Läden waren Versorgungsstationen. Niemand ging extra in die Stadt einkaufen, einzig Kartoffeln, manchmal Gemüse und Eier wurden auf Pferdewagen ein- bis zweimal die Woche ausgefahren. Und auch ein Bäcker kam vielleicht, wenn nicht einer sein Geschäft nebst Backstube im Ort hatte.

Was uns heute nostalgisch anmutet, ist eine klassische Vertriebswelt, die in den Läden als finalen Versorgungsstationen mündet. Der Ladenbesitzer weiß, was die Leute brauchen, und hat genau das in angemessenen Mengen vorrätig. Laden und Käufer bilden zusammen ein prozessierendes Gleichgewicht an Angebot und Nachfrage, beides so bemessen, dass man fast von einer sozialistischen Planungsfiliale reden kann. Der nächste Laden ist so weit entfernt, dass keine Konkurrenz entsteht, verkauft außerdem ohnehin zu ähnlichen Preisen, weshalb die Kaufleute gar nicht auf die Idee kommen, sich gegenseitig Kunden wegzuschnappen. Die Läden waren zunftartig auf die Straßen verteilt, sodass jeder sein Areal hatte, aus dem heraus er leben konnte.

Es war eine Handelswirtschaftsform, die ohne Weiteres in Fichtes geschlossenen Handelsstaat wie in Hegels Rechtsphilosophie hineingepasst hätte. Ausnahmen bildeten die Kolonialwarenhändler, die ein etwas gehobeneres Warensortiment anboten. Kaufen war ein Versorgungsakt, den niemand mit dem Wort »Konsum« belegt hätte. Man kaufte, was man kannte und brauchte. Neue Produkte ins Sortiment aufzunehmen war für den Ladenbesitzer riskant, da er selber dafür sorgen musste, die Kundschaft dafür zu erwärmen. Es gab wohl Reklame, aber am besten war immer noch, im Laden probieren zu können: neue Nahrungsmittel, kleine Proben von Cremes etc. Da die meisten Waren offen lagen und erst beim Kauf in Tüten oder Einschlagpapier gepackt wurden – ein Viertelpfund Butter oder 200 Gramm Mehl –, waren sie intensiv zu riechen, war man sinnlich mit ihnen verbunden. Man durfte sie zum Probieren bisweilen sogar anfassen, wenn der Besitzer es erlaubte. Der ganze Laden war ein einziges Sensorium.

Ähnlich wie die Bauernmärkte in den Städten – heute noch. Auch hier liegen die Waren offen aus. Man kann sie beriechen, betasten, zum Teil auch probieren. Ich betone das ungebührlich, weil diese sinnliche Zugriffsweise in den Supermärkten und im Internethandel völlig verschwunden ist. Man mag das für unbedeutend halten, aber erstens bedeutet es eine gravierende Änderung der gesamten Waren-Kunden-Welt und zweitens einen Wechsel von den Waren zu deren Benennungen, Namen, Bildern, Zeichen. Die Unmittelbarkeit des warensinnlichen Erlebnisses wird durch sich dazwischenschiebende Medien in Interpretationswelten verlagert, die von uns verlangen, ganz anders in den Märkten zugegen zu sein, und die die Märkte völlig ändern.

Der Supermarkt

Allmählich begann dann der Supermarkt die vielen kleinen Läden zu ersetzen. Auf sehr viel größerer Fläche bietet er eine Warenfülle, die nicht mehr auf die Versorgungsgewohnheiten der umliegenden Haushalte abgestimmt ist, sondern darauf kalkuliert, dass Leute von weither anfahren, um günstig einzukaufen. Man geht durch Angebotsreihen und erlebt eine Produktvielfalt, die für die kleinen Länden unvorstellbar war. Und vor allem: Alle Waren – oder so ziemlich fast alle – liegen verpackt in den Regalen. Mit den Verpackungen, die zugleich Reklameflächen sind, auf denen die Waren für sich werben, zieht die Konkurrenz ins Regal ein. Wenn man im Supermarkt einkaufen geht, kauft man nicht nur das, was man ohnehin braucht, sondern meistens auch vieles, was man erst durch die aufgedrängte Anschauung vor Ort wahrnimmt und für wichtig erachtet.[1] Der Supermarkt ist keine Versorgungsstation mehr, sondern eine Luxus-Arena mit flutendem Überschuss – gleichsam eine Messe, eine Ausstellung aller Waren, die im Angebot sind.

Die Besucher dieser permanenten Alltagsmesse sind nicht mehr schlicht Besorger, sie schlüpfen in die Rolle der Selbsthändler, die eine Messe besuchen, um sich vom Angebot mit seinen Innovationen und Qualitäten einen Überblick zu verschaffen und hernach das zu kaufen, was ihnen in dieser prospektiven Öffnung als Weltzugriff überzeugend anempfohlen wird. Wir haben uns angewöhnt, vom »Konsumenten« zu reden, von dessen »Souveränität«, was insofern zutreffend ist, als wir beim Kaufen nicht mehr nur auf Notwendiges verengt sind, sondern dieses Notwendige ständig perspektivisch geöffnet wird auf neue Aspekte, Dimensionen, Gütervarianten. Der Supermarkt und mehr noch das Kaufhaus beziehungsweise die Mall bieten mit der Ausstellung des Warenangebots eine Welt, die als Markt organisiert ist. Diese Marktwelten sind immer reicher als unsere Vorstellung von dem, was wir wollen, brauchen oder vermögen. Sie sind Anregungswelten für einen permanenten Übertritt ins Neue, sie organisieren Welterfahrung, in der die Menschen immer wieder eine Transzendenz, eine Übersteigung ihrer kleinen Welten ins Begehren, in die Imagination der Teilhabe an einer erweiterten Welt erleben. Aus ihrer kleinen Häuslichkeit, ihrem Oikos, treten sie ein in eine Polis, die Endstation eines großen Fernhandels.

Man darf nicht unterschätzen, welchen Wandel es in die Gesellschaft bringt, wenn die Menschen das, was in ihren Alltagsleben nicht vorkommt, an einem Ort konzentriert als Einlasstor für Bezugswelten vorfinden. Die Welt kommt zu ihnen, wird fokussiert und sie wählen aus. Durch die über Verpackungen, Benennungen, Farben, Bilder entfalteten eigenen Welten der Waren wird der Supermarkt zum Ort nicht nur der Versammlung der Dinge der Welt, sondern auch ihrer Narrative, ihrer Storys als Bezugsrahmen für den Kunden. Wir kennen das alles nur zu gut, aber reflektieren selten, dass es sich um kulturbildende Institutionen handelt, die uns Weltzugänge verschaffen, gerade weil sie uns leise, routiniert und alltäglich einbetten.

»Der Supermarkt ist das wahre Paradies der Moderne«, das sagt Houellebecq.[2] Natürlich können wir auch »durchrauschen«, nur das kaufen, was wir brauchen. Aber der Supermarkt bietet sich an, durch ihn hindurchzuschlendern, die Warenfülle genüsslich wahrzunehmen, den Marktplatz zu einem Ereignis zu machen, das uns manchmal sogar tatsächlich anregt, etwas Neues zu probieren. Genau das ist es, was der Supermarkt erreichen will? Ja! Aber wir wollen uns auch verführen lassen, Zeit verbringen, um etwas Neues zu entdecken.

Für uns ist der Supermarkt als Selbstbedienungsladen so selbstverständlich geworden, dass schon fast vergessen ist, dass er erst in den 1950er-Jahren so allmählich eingeführt wurde.[3] Die alte Handelsform, in der ausgebildete Verkäufer die Kunden persönlich bedienen, wurde verdrängt, die Kunden fingen an, die Waren eigenständig auszuwählen. »Sie wurden nicht mehr begrüßt und nicht mehr bedrängt. [...] Dafür sind in der Welt der Selbstbedienung [...] die Preise nicht mehr verhandelbar, vom Anschreiben-Lassen ganz zu schweigen.«[4] Der Kunde, so »auf Distanz gebracht [...], um Personal zu sparen«, wird seitdem »mittels Werbung, Wegelenkung und Marktforschung bearbeitet«.[5] Konsum und Kunden haben sich verändert, eine neue Konsumkultur hat sich herausgebildet, in der der Kunde »König« ist, der den Kaufakt beherrscht, zugleich aber auch allein gelassener »Teil der einsamen Masse«[6], der der Warenfülle (kognitiv) eher hilflos gegenübersteht. Damit die Werbung einen wirksamen Raum bekommt, hat man das Shopping erfunden.

Das Shopping ist eine städtische Idee, die als Kaufhaus eingeführt wurde – eine Großraumanlage, in der viele kleine Quasi-Läden versammelt werden. Durch diese simulierten Läden flaniert man, um Entdeckungen zu machen. Das Shopping im später zur Mall mutierten Kaufhaus ist das Erlebnis einer eigenen Welt, in der die kleinen Läden in großen Architekturen nebeneinanderstehen. Zum Shoppen geht man ungezielt, *just for fun:* Man weiß, dass man mit einer Warenwelt konfrontiert wird, in der sich irgendetwas ergeben wird für einen, weshalb das Einkaufserlebnis auch oft bedeutsamer ist als der tatsächliche Kauf. Die Mall wird als anregende Umgebung inszeniert. Und weil man dort auch essen gehen kann, bleibt man auch länger. Es geht nicht mehr um

Versorgung, um reichhaltige Auswahl, sondern um eine Form, einen Teil seiner freien Zeit zu verbringen. Die Mall wird zur Arena, in der sich Ereignisse abspielen, von denen der Kauf nur ein Aspekt ist.

E-Commerce

Gehen wir im Supermarkt beziehungsweise in der Mall einkaufen, haben wir die Dinge vor dem Kauf real gesehen, sie begutachtet, angefasst, probiert, uns beraten lassen etc. Supermarkt, Kaufhaus beziehungsweise Mall lassen uns die Dinge ansehen, sie haptisch und optisch erfassen, ihnen sensorisch begegnen. Das klingt trivial, ist aber Bestandteil einer alten Welt, die im Internet komplett verschwindet. Wir kaufen nun Bilder, Zeichen, Texte, die wir als Objekte erstmals nach Lieferung wirklich erfahren und die uns dann oft genug enttäuschen. Auf diese häufige Reaktion haben die E-Commerce-Händler sich eingestellt und räumen ihren Kunden ein Rücksenderecht ein. Man kann zu Hause »in Ruhe« auswählen, den eigenen Wünschen wird ein Raum geöffnet, der vordem durch Vorüberlegungen selbst abgesteckt werden musste. Nun geht man in die Simulation des freien Wünschens, das zudem schnellstmögliche Befriedigung erfährt: Kurze Lieferzeiten machen es möglich.

Intermezzo: Die Zalando-Welt

Das Geschäftsmodell des Internethändlers Zalando reizt die Kunden, ihren Produktwahlmodus zu ändern: Das garantierte Rückgaberecht verleitet dazu, nicht nur das eine Paar Schuhe zu bestellen, sondern sich gleich eine ganze Auswahl schicken zu lassen. Statt der Wahl vor der Bestellung lässt man sich einen affektiv ausgesuchten Warenkorb liefern, der den eigentlichen Auswahlvorgang zu Hause stattfinden lässt. Für die Firma Zalando rechnet sich das, wenn ein Kunde dann, wenn er die Ware schon einmal in der Hand hält, sich nicht nur für ein Paar, sondern gleich für zwei oder drei Paare entscheidet. Dann macht die

Firma ihren Umsatz (der sich gegen die Rückgabekosten rechnen muss, wenn Gewinn entstehen soll).

Ein rationaler Wahlakt? Weit entfernt davon: Die Käufer müssen sich nicht mehr auf ihre ursprüngliche Präferenz beschränken, sondern können – transaktionskostenfrei – so viel kaufen, wie sie wollen. Dass sie faktisch weniger kaufen, als sie bestellt haben, beschert ihnen eine Freiheit von engen Präferenzvorstellungen. Dass sie faktisch aber doch mehr kaufen, als sie ursprünglich wollten, ist das Ergebnis eines Affektmechanismus. Hat man die Dinge schon einmal zu Hause, ist es schwieriger, sie wieder wegzugeben, weil sich im Privaten affektive Beziehungen herstellen zum Objekt, die aus der bloßen Anschauung im Internet nicht generiert würden. Auch nicht beim Kauf im Laden, einer fremden Umgebung in der Öffentlichkeit. Dadurch, dass die Produkte nach Hause geliefert werden, kommen sie in ein Milieu der Privatheit, das heißt, sie werden quasi Lebensbestandteile, von denen sich zu trennen emotional aufwendiger ist als »draußen« im Markt. Denn draußen im Markt bleiben die Dinge weiterhin erst einmal fremd. Mit dem Versand nach Hause wird die Grenze vom Öffentlichen ins Private überschritten; das fremde Objekt assimiliert sich mit dem privaten Milieu und deklariert eine Zugehörigkeit, die Zalando den Mehrwert schafft, auf den sein Geschäftsmodell ausgerichtet ist.

Die »fremde« Ware wird familiarisiert. Sind die Dinge im Haus, im Familienmodus, gehören sie auch schon zur Familie, zum Haushalt. Und was man einmal hat, gibt man ungern wieder her. Doch wandelt sich auch hier schon wieder das Verhalten: Das Heim wird »zur Filiale«, die schnell zurückgibt, der Kunde agiert zunehmend als Händler. Aber noch dominiert das familiale Muster die coole Rückgabe. Wenn es anders wäre, würde dieses Geschäftsmodell nicht aufrechterhalten werden können.[7]

Fortsetzung: E-Commerce

Der E-Commerce liefert einen Wust an Waren auf Kredit, wohl wissend, dass ein Großteil davon wieder zurückkommt und nur ein Teil gekauft wird. Der ganze sensorische Raum, den die Läden und Supermärkte noch bilden, fehlt, es können digitale Kataloge gewälzt werden, zahllose Kataloge – zumindest dem Anspruch nach. Faktisch bleiben wir dann doch bei einem Händler hängen, zum Beispiel bei Amazon. Die Lust, zu vergleichen, kostet Zeit, das große Suchen lässt schnell nach. Und wenn bei einem Anbieter *alles* zu haben ist, wozu dann noch woanders schauen?

Die ungeheure Möglichkeit, im Internet alles auszuwählen, wird begrenzt durch unsere zunehmende Unlust, dauernd suchen und wählen zu müssen. So werden E-Commerce-Plattformen zu neuen Marken, auf die wir uns einzig einlassen, um nur noch dort zu suchen. Und nirgends anders. Außer uns reitet einmal der Teufel. Die Plattformen sind Rankings, in denen bereits vorsortiert ist, was wir suchen könnten. Der Unterschied, den das Netzeinkaufen gegenüber den sinnlicheren Formen in Läden, Supermärkten und Malls macht, nivelliert sich wegen der kognitiven Faulheit, die uns befällt. Wir nehmen die Informationsflut gar nicht wahr, bewegen uns in engen Suchbreiten und sind dankbar, wenn uns andere ansagen, was wir kaufen sollen (Werbung, die Freunde in den sozialen Netzwerken, sonstiges Raunen).

Was ändert sich durch E-Commerce? Traditionell wählen wir den Händler, bei dem wir einkaufen (gewöhnlich sind wir einzelnen Läden treu, brauchen gar nicht erst zu wählen), wählen dann die Produkte und kaufen. Im E-Commerce drehen sich die beiden ersten Schritte: Wir wählen, per Smartphone oder Tablet, die Produkte aus, dann erst den Händler, bei dem wir dann online einkaufen.[8] Die Änderung hat eine eminente Bedeutung: Wir lassen uns im Internet die Waren vorführen, die wir kaufen wollen, gehen dabei in einen großen virtuellen Vergleichsraum.

Netzkaufen

Der Showroom des Netzes ist die virtuelle Erweiterung der Shopping-Mall. Dort gehen wir nicht zu einem Laden/Händler, weil wir etwas Bestimmtes brauchen, sondern wir gehen einkaufen: Ohne zu wissen, was wir wollen oder brauchen, lassen wir uns anregen, verführen, überreden. Das Einkaufen ist nicht mehr der – notwendige bis lästige – Gang, sondern selbst das Erlebnis, dessen Gratisangebot wir gerne »in Kauf nehmen«, um umso mehr und angeregter zu kaufen. In den diversen Offerten einer Mall findet man immer etwas. Und wenn man schon einmal da ist ... Im Internet hingegen gehen wir nicht shoppen, sondern suchen – zumindest anfänglich – mehr oder minder gezielt. Woher man die Informationen hat – aus der Werbung, aus Gesprächen, durch Hinweise, Gerüchte –, ist gleichgültig.

Man sucht – und vergleicht. Im Vergleichen aber kommen neue Offerten ins Spiel. Dazu verwenden wir Netzangebote, die für uns die Produkte sortieren und listen. Die Listungen bieten Rankings, je nach den Kriterien, die wir verwenden: Preis, Qualität, Neuheit, Verfügbarkeit etc. Dabei werden parallel bereits die geeigneten Anbieter/Händler sortiert. Oder aber wir suchen uns Produkte aus, um in einem zweiten Schritt zu eruieren, wer sie zu welchem Preis anbietet, um dann zu entscheiden.

Das gewöhnliche Kaufverhalten ändert sich. Man kauft sehr viel preisbewusster, auf der Basis von Informationsskalen, die für das traditionelle Kaufen gar nicht zur Verfügung standen oder nur aufwendig zu eruieren waren. Ist E-Commerce die faktische Realisierung von *rational choice*? Hat die ökonomische Theorie endlich ihren Markt gefunden, in dem das Verhalten, das sie sich vorstellte, lebendig wird? Doch sind die Preisvergleiche nicht allein entscheidend, denn im Netz werden die *social markers* kommuniziert, das heißt die sozialen Attributionscodes und -werte. Wir befinden uns in einer Aufmerksamkeitsökonomie, in der weniger die Preise als die Imaginationen, die sozialen Zuschreibungen und Bedeutungen, wirksam sind. Das Netz ist eine ausgeweitete Semiosphäre, die die »Zeichen der Zeit« und die sozialen Distinktionen verwaltet.

In den digitalen Märkten können also neben den Preisvergleichen viele Skalen zur Bewertung herangezogen werden: Bedeutungs-, Status-, Novitäten- oder Avantgardeskalen, Nostalgiewerte, Gesundheitsmarkierungen, ökologische Bewertungen können jeweils dominant werden, je nachdem, in welchen sozialen Kommunikationsarenen man unterwegs ist, welchen Communitys – vor allem in den sozialen Netzwerken – man angehört, welchen Meinungen man folgt. Gerade weil die Informationsmöglichkeiten zu groß sind, gibt es auch viele Kriterienkataloge und Skalen, nach denen bemessen werden kann. Der Preis spielt dabei den ökonomischen oder budgetären *contrepart*, aber nicht oder nicht notwendig den dominanten.

Big-Data-Ökonomie

Der E-Commerce beruht inzwischen wesentlich auf großen Handelsplattformen, die ihre Transaktionsdaten massenhaft statistisch auswerten. Die Big-Data-getriebenen digitalen Märkte fächern sich in drei interferierende Dimensionen:

- Die Individualisierung der Massenmärkte wird im Big-Data-Prozess vorbereitet. Alle Kaufbewegungen werden in individuellen Datenprofilen gesammelt und statistisch ausgewertet. Aber nicht nur die vergangenen Kaufbewegungen, sondern auch die jeweils aktuell laufenden werden gemessen (über die IP-Adresse). Man weiß, was ein Kunde will, und kann ihn auf dieser Informationsbasis gezielt anspielen: über die Kontaktoberfläche, mit der er gewöhnlich im Internet operiert.
- Auf der Basis dieser Datenprofile werden Variationen ersonnen und in die Werbung eingespielt – was einer, der dies und das gekauft hat, Ähnliches kaufen können wollte, um es ihm dann anzubieten.

Das läuft nach dem Prinzip der »Familienähnlichkeit« von Produkten.

■ Zudem werden die Daten der »Freunde« in den sozialen Netzwerken, der jeweiligen Communitys, geprüft und verglichen: Was kaufen sie, was sind Trends, in die die Konsumenten einsteigen könnten, weil ihre Umgebung es bereits kauft?

Alle drei Dimensionen werden ausgelotet, um spezifische Angebote machen zu können: möglichst individuell maßgeschneidert. Bis hin zu individuellen Preisen (einer neuen Dimension der Preisdiskriminierung). Wir sehen – nebenbei –, dass der klassische Markt dann nicht mehr funktionieren wird; es gibt keinen Marktpreis, sondern vermehrt nur noch individuelle Preise (die kontext-, situations- und biografieabhängig konfiguriert werden). Diese E-Commerce-Plattformwelt kann aber nur funktionieren, wenn sie auf die Industrie 4.0 aufsetzt.

Industrie 4.0 als Basis des E-Commerce

Industrie 4.0 ist die Zurichtung der industriellen Produktion auf das ausdifferenzierende individuelle Angebot der E-Commerce-Plattformen. Um einem Kunden ein individuell zugeschnittenes Produkt anzubieten, kann nicht mehr auf Lager produziert werden: Wenn die Big-Data-Algorithmen analysieren, dass X eine Präferenz für rosa Schuhe mit silbernen Schnürsenkeln hat, muss das Produkt anbietbar sein. Dazu ist es nötig, dass der Hersteller es liefern kann, und zwar gegebenenfalls tagesaktuell *(just in time)*. Noch ist das Zukunftsmusik, aber in naher Zukunft. Die Produktion von Schuhen – und das gilt fortan für alle Konsumgüter – wird so eingestellt werden können, dass mit der Losgröße eins produziert wird, in abwechselnder Serie mit anderen, differenten Losgrößen, im selben Produktionsprozess. Die Industrie 4.0 ist E-Commerce-getrieben; sie muss die individualisierten Konsumzuschnitte im Produktionsprozess erzeugen können. Die ältere *mass customization* bleibt weiterhin Serien- und Massenproduktion, aber in schneller Variation der individuellen Zuschnitte.

Die Internetökonomie erhöht den schnellen Zugriff auf alle Angebote, auch und gerade die neuesten. Spontane Präferenzen können sofort umgesetzt werden – sind nur noch begrenzt durch Kreditkartenlimits und Lieferzeiten. Die »Sofortness«, die die E-Commerce-Plattformen bieten – indem sie die Verführbarkeiten erhöhen und die kognitiven beziehungsweise Überlegungsabwägungen senken –, geht einher mit der Senkung von Mobilitätskosten, einzig limitiert durch die Lieferkosten und -zeiten.

Im Grunde nähert sich der E-Commerce der mittelalterlichen Produktion *on demand*. Erst wenn bestellt worden ist, wird das spezifisch zugeschnittene Teil produziert. Das aber setzt voraus, dass die Hersteller in der Lage sind, über die vernetzte Kopplung mit dem E-Commerce, *just in time* das Produkt herzustellen. Was wiederum voraussetzt, dass seine Produktion automatisiert und vernetzt ist, das heißt, die Produkte, die die Automaten herstellen, laufend zu ändern, ohne Umstellungsaufwand. Industrie 4.0. ist nicht nur eine weitere Automatisierung, sondern die Kopplung von Industrie und E-Commerce-Plattformen zur Herstellung pass- beziehungsweise kundengenauer Produkte. Dabei wird nicht mehr auf Vorrat, sondern unmittelbar über Bestellung produziert. Das einzige Zeitproblem liegt noch bei der Logistik.

Die Digitalisierung der Mobilität

Das Mobilitätsthema gerät demnächst in eine neue Dimension, die – beispielhaft – das Ausmaß an Änderungen unserer Lebenswelten ausleuchten lässt. Das selbstfahrende Auto – Google ist nur ein Vorreiter – ist eine algorithmisch gesteuerte Kabine, die die bisherigen Automobilpopulationen ersetzt. Konsequenterweise ist das Google-Auto ein kommunales Verkehrskonzept (Städte sind die am stärksten verkehrsbelasteten Zonen). Jeder Einwohner hat eine App, über die er die Kabinen heranholen kann, bezahlt wird über eine Flatrate. Das setzt voraus, private Autos in den Kommunen zu verbieten, weil nur so sich Verkehrsfluss und -sicherheit gewährleisten lassen. Die Kommunen werden sich in 20 Jahren um dieses Konzept reißen. Denn alle Busse, Straßenbahnen, U-Bahnen, aber auch Taxis können entfallen, das Parkplatz- und innerstädtische Stauproblem wird gelöst, wenn zum Beispiel 100 000 Privatautos durch circa 15 000 Kabinen ersetzt werden. (Im Bedarfsfall gibt es Reserven.) Privatautos können noch auf den Autobahnen ausgefahren werden, wo aber die selbstfahrenden Lkw ihnen Konkurrenz machen. Die Unfälle sinken, der CO_2-Ausstoß geht gegen null. Volkswirtschaftlich hat das erhebliche positive Auswirkungen auf die Budgets der Kommunen und auf die ökologische Nachhaltigkeit, allerdings hat es auch Auswirkungen auf die Automobilproduktion: Viel weniger Autos werden gebraucht.

Was hat das im Kontext von Industrie 4.0 zu bedeuten? Viele der bisherigen Produktionsbereiche entfallen, neue werden entstehen. Die Kabinen der selbstfahrenden Autos bestehen aus minimalem Maschinenbau, viel Elektronik und Sensorik. Es fällt auf, dass Google zum Beispiel sich – neben der Datenausbeutung und seiner Softwarekompetenz – auf die Bereiche Sensorik, Robotik, Verkehr hin orientiert, also klassische Industriebereiche, in die plötzlich ganz andere Branchen einbrechen. Die Amerikaner nennen das *disruption*. Man muss damit rechnen, dass die klassische Kompetenz, auf die die Deutschen zu Recht stolz sind, von Firmen angegangen wird, die nichts davon aufweisen, aber Software, Geschäftsideen und eine Ansammlung von möglichen Entwicklungen haben.

In diese Konkurrenz zu gehen erfordert unternehmerischen Mut, künftige Verhaltenswelten zu konzipieren und auszuarbeiten. Die *disruption* heißt, das eigene Geschäftsmodell bereits dann infrage zu stellen, wenn es noch gut funktioniert. In den USA werden neue Firmen ausgegründet (gleichsam in einen Start-up-Modus versetzt), die – unabhängig vom bisherigen Management – neue Geschäftsideen kreieren in Konkurrenz zum eigenen bisherigen Geschäft. Bevor es andere tun.

Ausgegründet deshalb, weil man den gut laufenden Organisationen nicht zutraut, das Geschäftsmodell gegebenenfalls schnell zu wandeln und gänzlich neu auszurichten. Man hält lieber ein Start-up bereit, das den neuen Markt dann übernehmen soll. Die Einheit von Kapital und ausgebildeter Unternehmung wird in ein Holding-Modell überführt, in dem mehrere Organisationen parallel laufen, um der Organisation, die am schnellsten den neuen Konkurrenzen gegenübertreten kann, den Vorrang zu geben.

Änderung der Märkte

Charakteristisch für moderne Marktwirtschaften war bisher – auf der Basis von industrieller Massenproduktion – eine anonyme Angebotsstruktur: Die Produzenten wissen nicht, wer ihre Käufer und wie viele es sein werden. Sie produzieren auf Verdacht, das heißt auf eine Vermutung hin, besser im Markt abzuschneiden als andere *(economy of guess)*. Ihre Produktion ist eine Projektion in einen Unsicherheitsraum, basierend auf der Erfahrung von Nachfrage, aber nicht ihrer Verteilung. Der Wettbewerb, der sich darin äußert, welche dieser ins Anonyme hinein produzierten Güter und Leistungen am meisten gekauft werden, ist kein freier Wettbewerb, sondern eine Überredungsinszenierung: Werbung versucht, neue Kunden zum Kauf zu überreden und von anderen Produkten abzuziehen. Wir halten das für so normal, dass wir konzeptionell nicht mitdenken, dass dynamische Märkte groß angelegte Überredungsarenen sind – eine *economy of persuasion*.[9] Das heißt: Die Konsumenten sind keine frei, unabhängig und rational entscheidenden Akteure, sondern sie handeln unter wettbewerblich inszeniertem Einfluss.

Die Form des Einflusses aber wandelt sich in den Internetmärkten, in denen das *data mining* und *data profiling* jede Transaktion abbildet und algorithmisch so verarbeitet, dass die Produzenten Muster erkennen können, die sie einerseits befähigen, den Individuen individuelle

Angebote zu machen, in der Hoffnung, ihnen dadurch mehr verkaufen zu können. Andererseits meinen sie, aus den Daten ersehen zu können, was generell herzustellen lohnt. Das ändert die Anonymität des Marktes radikal. Märkte bekommen eine informationale Infrastruktur, die die Konsumenten nicht kennen, wohl aber die Produzenten, die sie für eine Art von Produktionssteuerung nutzen können, wie sie die klassischen Märkte nicht boten. Es geht um Bewegungsprofile, Einkaufsmuster, Suchprofile, Reisebuchungen, Freundeslisten, Kinobesuche, Wahrnehmungs- und Aufmerksamkeitsfenster etc.

Die persönliche Adressierung – aus statistischen Daten gewonnen – wirkt als positive Ansprache, das heißt, der Markt nutzt das, was sonst nur die Gesellschaft geben kann: Anerkennung – der Konsument wird als besonderes Wesen identifiziert, das es wert ist, individuell, also spezifisch bedient zu werden. Es mischen sich die klassischen Transaktionen, in denen Ware gegen Geld geliefert wird, mit sozialen Anerkennungsriten. Denn individuell angesprochen zu werden simuliert eine persönliche Relation, die die allgemeine Werbung nicht erreicht. Hier ändert sich das Verhältnis von Kunde und Markt signifikant. Wenn die Werbung gezielt persönlichen Habitus und individuelle Präferenzen anspielt, wird die Neigung zunehmen, dankbar zu sein für Angebote, die so fokussiert auftreten, weil man den Eindruck hat, die Anbieter kennen einen besser als man sich selbst.[10]

Man darf nicht übersehen, dass das Netz nur Bilder und Texte liefert, keine sinnliche Anschauung. Deshalb wird der Kauf mehr auf Interpretation beruhen: der Bilder, der Texte, der Einschätzungen anderer. Information reicht nicht, weil man, angesichts der Vielfalt der Informationen, sich über Informationen informieren, das heißt kommunizieren muss. Dies geschieht in den *Social Media*. Wir bekommen eine andere Soziologie des Kaufens und der Märkte. Natürlich braucht man weiterhin viele Produkte, aber ihre Formenvielfalt differenziert sich nach ihrer sozialen Ereignishaftigkeit, die im Netz grundlegend diskutiert, in den sozialen Netzwerken »diskontiert« wird und in den Märkten nicht nur nach den Preisen, sondern vornehmlich nach ihrem sozialen Aufmerksamkeitswert nachgefragt wird. Wie schon gesagt: Eine andere Währung (die »soziale«) und andere Skalen arbeiten im E-Commerce. Wenn es im digital erweiterten Kaufraum um Versorgung, Nutzen, Anerkennung, Erlebnis, Effizienz, Spontanität, »Sofortness«, Atmosphäre, Emotionalität, Affekte, Preisbewusstsein etc. geht, dann geht es um viele dieser Aspekte gleichzeitig. Was davon dominiert, hängt wiederum stark von den Kommunikationen der sozialen Medien ab.

Wenn vordem Werbung und Medien die potenziellen Käufer zu überreden versuchten *(economics of persuasion)* und langsam klar wurde, dass nicht die Werbung *sui generis*, sondern die kommunikative Resonanz den persuasiven Erfolg bringt, ist es nur folgerichtig, dass jetzt die Konsumenten in den sozialen Netzen miteinander kommunizieren, was sie für relevant halten. Die Werbung konnte die Ökonomik noch als »Information« missverstehen, spätestens im Werbung-Resonanz-Prozess wurde klar, dass wir es mit Kommunikationsprozessen zu tun haben, die in den Netzwelten dominant und offenbar werden.[11]

Natürlich kann Werbung weiterhin Konsumenten überreden wollen, das eigene Produkt zu kaufen, aber gegen die netzgenerierte Stimmung haben die Konkurrenten es schwer, Einfluss zu gewinnen. Die Nachfrage wird nicht mehr in den Märkten entschieden, sondern zu einem zunehmenden Teil in den sozialen Diskursen *(within net and outside of net)*. Es entsteht eine spezifische Transaktionsatmosphäre, die sich nur teilweise auf das Produkt selbst richtet, vornehmlich aber auf Lifestyle-Erwartungen beruht, die ein Unternehmen ausstrahlt. Das Phänomen lässt sich nicht mehr über die Wirkung von Marken erklären, sondern es geht um einen Appeal, das heißt um die Inklusion in einen Lifestyle-Nexus, der mit dem jeweils neuen Produkt nicht erst erzeugt wird, sondern den die Community vom Konzern bereits vorher erwartet. Das Unternehmen muss sich als Teil dieser Community definieren beziehungsweise sie immer wieder neu bedienen. Dass sich Unternehmen in diese »soziale Form« einklinken müssen, ist neu; es ändert nicht nur die organisatorische Struktur der Unternehmen, sondern ihre gesellschaftliche Rolle: Unternehmen sind keine rein wirtschaftlichen Einheiten mehr, sondern werden nur akzeptiert in einer neuen Rolle als soziale Operatoren. Es geht nicht mehr um ihr ökonomisches Wissen, sondern um eine epistemische Inklusion in die gesellschaftlichen Diskurse – antwortfähig zu bleiben auf gesellschaftliche Fragen.

Überhaupt ändern sich Märkte: Die Disposition von Massengüterangeboten, von denen die Hersteller vorher noch nicht wissen, ob sie tatsächlich ausreichend und gewinnträchtig nachgefragt werden, wandelt sich in ausgefächerte *On-demand*-Prozesse, für die kein Lager an ins Anonyme hinein produzierten Produkten vorgehalten werden muss. Das sind nicht nur logistik- und lagerkostensenkende Maßnahmen, sondern zeichnet ein neues Bild vom Kundenverhältnis, das durch direkte Kommunikation gekennzeichnet ist. Welche Entscheidungs- und Transaktionsatmosphären diese neue Bild- und Affektkommunikation generieren wird, bleibt zu beobachten: Es geht aber nicht mehr um den leicht distanzierten, restvernünftigen *rational actor*, sondern um eine *communicative governance* der Marktprozesse, deren Analysen erst genauer beginnen.[12]

Es wird offensichtlich, dass die Transaktionsatmosphäre alle individuellen Entscheidungen beziehungsweise rationalen Überlegungen überlagert. Die Kunden haben eine affektiv gestimmte *belief*-Erwartung, die es gar nicht zulässt, rational andere Güter und deren Preise zu vergleichen. Die Inklusionsantizipation setzt jede rationale Komparation aus. Die vornehmliche Komparation ist die Beobachtung anderer, was sie kaufen und estimieren; so entstehen Herdeneffekte.[13] Aber hier von Komparation zu reden, ist bereits gewagt: Man vergleicht nicht differente Beobachtungen vieler Produkte, sondern fokussiert sich auf Gravitationen im Netz, auf *focal points*, gleichsam in einem *net-policy*-Prozess, indem man sich den Abstimmungen anderer anschließt.[14]

Schweben, Anfassen: Aktor-/Ding-/Netzüberlegungen

In den digitalen Kaufwelten schweben wir über den Dingen. Erst in den reellen Transaktionen fallen wir in die tatsächliche Nutzung, oft enttäuscht, dass sich Bild, Imagination und Tatsächlichkeit nicht decken. Der Nutzen von etwas ist immer erst im tatsächlichen Gebrauch festzustellen. In den Märkten haben wir es lediglich mit Nutzenerwartungen zu tun, die häufig imaginär sind. Für die Märkte ist die Transaktion mit der Zahlung abgeschlossen; die Nutzung des erwarteten Nutzens aber findet außerhalb der Ökonomie privat statt. Erst dann weiß man, ob es gut ist. Die *digital economy* reagiert darauf, dass man Bestelltes zurückgeben darf. Es ist eine notwendige Öffnung, denn nur Bilder und Texte sagen nichts wirklich aus über die Güter. Die sinnliche Betrachtungskultur ist allmählich ersetzt durch eine abstrakte Internetkultur der Märkte.

Deshalb ist die Reaktion der Leute, in die – noch vorhandenen – Läden zu gehen, um sich die Dinge anzusehen, gar sich erklären und beraten zu lassen, um sie dann doch im Internet zu kaufen, eine durchaus vernünftige Reaktion, die den kleinen Läden natürlich schadet. Spätestens wenn die kleinen Läden alle verdrängt sein werden, müssen die Internetanbieter sie wieder erfinden: Filialen eröffnen, um ihr Angebot auszustellen und sensorisch habhaft zu machen.

Das Netz ist nur ein Übergangsbereich. Alles, was wir gekauft haben, liegt zu Hause herum, bildet eine materiale Zone, ist kaum ins Netz retransferierbar. Für das häusliche Leben endet das Netz. Was wir im Haus, in der Wohnung durchdigitalisieren werden, bleibt offen. Allerdings ist das Internet eine hervorragende Instanz, uns in Beziehungen zu setzen: seien es freundschaftliche oder bloße Netzbeziehungen oder gekaufte Services. Alles, was sich durch das Netz erledigen lässt, hat hier eine Marktdimension, die mit den alten Marktkulturen (Laden, Supermarkt, Mall) nicht vergleichbar ist. Das Netz kann vernetzen (was kein Supermarkt anbietet), ist ein Markt, der alle Relationen vermitteln kann. Ob es bepreist wird, ist eine eigene Sache. Vieles aber kann preislos effektiv verbandelt werden. Es geht um Transaktionen, die kein Markt sind, noch einer werden. Dass sich zum Beispiel viele Menschen Selfies schicken über ihre jeweiligen Netzwerkkanäle, mag einen zweifeln lassen, ob es sich – bei dem offensichtlichen Narzissmus – noch um *Social Media* handelt. Aber es wird hin und her geschickt, was das Zeug hält, ohne dass daraus Märkte entstehen müssen. Das Internet zeigt sich als Arena, in der Handel und *non-market relations* parallel laufen.

Anmerkungen

1 Vgl. Birger P. Priddat: *Economics of persuasion. Ökonomie zwischen Kommunikation und Überredung.* Marburg 2015, Kapitel 4a.

2 Michel Houellebecq: *Interventionen. Essays.* Köln 2015 (fußend unter anderem auf *Die Welt als Supermarkt* 1998), S. 40.

3 Thomas Welskopp: »Konsum«. In: Christof Dejung, Monika Dommann, Daniel Speich Chassé: *Auf der Suche nach der Ökonomie. Historische Annäherungen.* Tübingen 2014, S. 125–152.

4 Jürgen Kaube: »Oma ihr klein Häuschen«. In: *FAS* vom 08.02.2015, S. 6.

5 Ebd.

6 Ebd.

7 Der Effekt beruht auf einer Präferenzerweiterung, indem die erste Präferenz/Wahl-Konstellation in eine zweite erweiterte Präferenz/Wahl-Konstellation expandiert, die ein rationales Veto (Budgetgrenzen) aushebelt (»sich etwas gönnen« – ein Selbstbeschenkungsmodus). Das Geschäftsmodell der freien Wahl zu Hause bei Rückgabefreiheiten überredet die Käufer, potenziell mehr zu kaufen, als sie eigentlich intendierten. Statt rational aus Alternativen auszuwählen, wählen die Käufer ein erweitertes Auswahlkonzept, das ihnen erlaubt, ihr ursprüngliches Konzept aufzugeben und in einem erweiterten Alternativenraum *(frame extension)* mehrere Wahlakte parallel zu schalten. Dabei wählen sie ihre ursprüngliche Budgetrestriktion ab und geben sich selber Kredit, um mehr kaufen zu können. Dieser Vorgang ist nicht nur nichtrational, sondern darüber hinaus eine Ausschaltung der *rational choice*, indem sich die Käufer zu Hause in einem anderen (emotionalen) Kontext befinden *(cocooning)*, der ihnen einen emotionalen Mehrwert beschert, der die Reste kalkulierender Rationalität überformt.

8 Isabel Kick, Joubin Rahim: *E-Commerce 2020 – Die Zukunft des Handels.* Mannheim 2013, S. 30; http://www.symano.de/fileadmin/ms-symano/downloads/BLUETRADE_Rahimi.pdf

9 Priddat 2015.

10 Vgl. Birger P. Priddat: *Homo Dyctos. Netze, Menschen, Märkte.* Über das neue Ich: *market-generated identities.* Marburg 2014, Kapitel 2.

11 Generell unterschätzt die ökonomische Theorie die Kommunikation über die Güter, die in Märkten angeboten werden: nicht nur die der Werbung und der Medien, sondern vor allem die Kommunikationen in den Netzwerken – Familie, Freunde, Kollegen, Vereine, Bekannte etc. Was die Werbung propagiert, wird erst zur wirksamen Nachfrage, wenn es in den anderen Netzwerkkommunikationen Resonanz findet. Die neuen *Social Media* verstärken diese Kommunikationen. Die neuen Netzwerkfreunde der *Social Media* kommunizieren, was wichtig ist und was nicht; die soziale Relevanz der Güter wird beurteilt, neben den Qualitäten und Preisen: *hyper-connected-world* (Sheryl Sandberg, Chief Operation Officer bei Facebook, zitiert in: C. Knop: »Die neue Macht des Verbrauchers«. In: *FAZ* vom 17.12.2012, S. 15). Die *hyper-connected-world* wird zu »einem dauerhaften Grundrauschen auf dem virtuellen Marktplatz« und »sorgt dafür, dass Unternehmen mit einem erheblichen Verlust der Kontrolle über das leben müssen, was über sie von den unterschiedlichen Parteien – und eben nicht mehr nur von ihrer Kommunikationsabteilung – gesagt wird« (Knop 2012). »An die Stelle des Vertrauens auf Institutionen, Unternehmen und Finanzdienstleister tritt das Vertrauen auf die Empfehlungen von Freunden und sogar unbekannten Menschen, denen man im Netz Glauben schenkt, zum Beispiel wie sie von anderen Freunden empfohlen werden« (Knop 2012). Diese Entwicklung spart Werbung, aber nur, wenn sie von den Unternehmen auch begleitet und gepflegt wird. »Tatsächlich kommen heute kurz nach der Neuvorstellung eines technischen Produktes zum Beispiel auf einer Messe zahlreiche Kritiken in Echtzeit auf Twitter und diversen Blogs. Schnell bildet sich eine für den künftigen Verkaufserfolg oder -misserfolg entscheidende Stimmung, die sich später kaum noch drehen lässt. Das müssen Anbieter stärker berücksichtigen, ein besseres Gespür für die Wünsche und Erwartungen der ›Community‹ entwickeln. Fällt die erste Kritik positiv aus, entwickelt sich eine sehr positive Antizipation, man ›will‹ das Produkt haben« (Knop 2012).

12 Vgl. Alex Pentland: *Social Physics*. New York 2014; César Hidalgo: *Why Informations Grows*. New York 2015.

13 Transaktionen sind formal bilaterale Vertragsprozesse. In den Netzkommunikationen aber bilden sich *focal points* heraus: genauer *focal fields*, die viele Akteure in eine Stimmung bringen, bestimmte Produkte parallel en masse zu kaufen (ähnlich wie bei Blockbuster-Filmen) – multilaterale Transaktionen. Dem Produzenten/Verkäufer gelingt es, viele Konsumenten sofort auf sein Produkt zu fokussieren; aber die Redeweise ist schon ungenau, denn es gelingt der Firma nicht aus sich heraus, sondern nur durch die Resonanz in der Netzkommunikation, die sie nicht oder nur bedingt anleiten kann. Nur wenn sich ein solches Transaktionsfeld mit seiner besonderen Transaktionsatmosphäre aufbaut, geschieht der Masseneffekt. Die Transaktion weitet sich zu einem Transaktionsfeld aus: Wenn viele Akteure parallel viele bilaterale Verträge mit einem Unternehmen eingehen, haben wir es mit einem Feldeffekt zu tun, der sich nicht mehr ohne Erklärungsverlust auf ein Aggregat individueller Kaufentscheidungen rückabbilden lässt. Denn die individuelle Vertragsentscheidung – die sie formell weiterhin ist – wäre anders ausgefallen, wenn sie nicht in einer Kommunikationsatmosphäre stattgefunden hätte, in der die semantische und affektive Bindung an die Community dominiert. Wir haben es mit einem Interaktionsgeflecht zu tun *(interactive rhyzom)*, dessen soziale und kommunikativen Einflüsse jede individuelle kognitive Überlegung überlagern. Nur wenige Ak-

teure halten mit ihrer unabhängigen Überlegung dagegen an; *rational choice* wird zu einem Spezialfall sozial einflussresistenter Singuläre.

14 Der Politikprozessvergleich erschließt die andere Dimension der Entscheidungsfindung, die wir hier beobachten, genauer als jedweder Rekurs auf individuelle *rational choices*. Jede politische Wahl oder Abstimmung ist durch einen vorlaufenden Kommunikationsprozess geprägt, der zwar jedem die individuelle Abstimmung lässt, aber den Einfluss der Cluster- oder Lagerbildung nicht leugnen kann. Die Kommunikationen bilden differente Felder aus, denen sich die Wähler zuordnen. Innerhalb dieser Prozesse entstehen Gravitationszentren, die Mehrheitssemantiken generieren, denen sich alle, die ambivalent bleiben, leichter anschließen können. Eben dies geschieht auch im Feld der Produkt-Politik-Prozesse.

Irmhild Saake

Schweigen für eine bessere Welt
Über Symmetrie und die heldische Kuh Bavaria

Auf einer theologischen Tagung konnte ich einmal zuhören, wie die Redner diskutiert haben, ob es bis zum Ende der Tage noch Hilfebedürftigkeit und Armut geben werde oder ob solche Probleme schon vorher gelöst sein würden. Eschatologie nennt sich die Lehre von den letzten Dingen, die Lehre vom Anbruch der Gottesherrschaft. Die Frage ist gut. Wie stellen wir uns eigentlich das Ergebnis unserer Bemühungen, hier auf Erden die Welt zu verbessern, vor? Kann man sich das überhaupt vorstellen? Werden einmal alle Menschen als freie und gleiche ein zufriedenes Leben führen? In Einklang mit der Natur? Ohne Krieg und Not? Eher plausibel erscheint vermutlich vielen, dass wir von einer übermächtigen Natur, die uns den Klimawandel übel nimmt, überwältigt werden. Gibt es zwischen Erlösung und Apokalypse noch etwas? Aber ja: Es gibt die sachliche Auseinandersetzung mit den Problemen der Gesellschaft. Dabei werden Problembeschreibungen angefertigt, Expertengruppen zusammengestellt, Projekte gefördert und evaluiert, um herauszufinden, was besser und was schlechter funktioniert.

Jetzt müssen vermutlich alle lachen, weil jeder zu wissen glaubt, dass das nichts bringt. Wir haben ein viel besseres Mittel entdeckt, um die Welt zu verändern: die Praxis der Symmetrisierung. Wir machen uns mit den Hilfebedürftigen der Welt, mit den Unterdrückten und Schlechtergestellten, mit allen, deren Leben anders als unseres verläuft, zu Gleichen. Dieser neue Aktivismus des Veränderns, des Mitmachens, des Sich-Engagierens in Bezug auf Arbeitsplätze irgendwo in der Welt, den Klimawandel, die Anerkennung von Diversität, die Hilfe für Flüchtlinge und den Einsatz für Tierrechte macht Schluss mit der gelehrten Eschatologie. Die alten Debatten sind beendet, den Argumenten trauen wir nicht mehr. Die Ungleichheit zwischen Männern und Frauen existiert immer noch, die Akkumulation von Geld in den Händen weniger Menschen nimmt zu, der Verbrauch unserer natürlichen Umwelt wird mit technologischen Mitteln gesteigert und all das fühlt sich falsch an.

Was machen wir eigentlich, wenn wir der Welt so die Temperatur messen? Wir tun etwas, wir fühlen, aber wir interessieren uns nicht mehr für Begründungen. Wir wollen die Welt verändern und wollen sehen, dass sich etwas tut. Die sachlichen Argumente scheinen uns viel zu umständlich zu sein. Wer wirklich die Welt verändern will, der muss etwas tun. Es fühlt sich gut an, etwas zu unterstützen, zu teilen, zu liken und überhaupt: selber zu machen. Wie radikal anders diese neue Welt des Fühlens ist, lässt sich am besten verstehen, wenn man sie als eine besondere Form des Redens ernst nimmt. In all den gegenwärtigen Debatten darüber, dass wir jetzt sofort etwas ändern müssen, gibt es eine Gemeinsamkeit: die Betonung der Anerkennung des anderen, der Wunsch nach Gleichheit. Von der Sachebene sind wir unbemerkt auf die Sozialebene gewechselt und interessieren uns vor allem dafür, wie wir mit der Ungleichheit des anderen umgehen können. Um es noch einmal deutlicher zu sagen: In unseren aktuellen Debatten geht es nicht um entweder Gleichheit oder Ungleichheit, sondern um unsere Fixierung auf Gleichheit und Ungleichheit im Unterschied zu sachlichen Debatten darüber, wie Ungleichheit entsteht. Ganz zwanglos entsteht eine solche Art des Denkens, wenn man mit ethischen Fragestellungen beginnt. Das ethische Reden ist die Reflexion darüber, ob unser Handeln gut ist und ob das auch in den Augen anderer der Fall ist. Ethik ist eine ständige Einübung in die Relativierung von Aussagen. Alles kann aus der Perspektive des anderen anders aussehen, aber nicht nur, weil der andere anders ist, sondern auch, weil schon wieder Zeit vergangen ist und weil der andere tatsächlich andere Probleme lösen muss als man selbst. Aus einer Perspektive der Ethik werden diese Unterschiede zu Generatoren von Ungleichheiten.

Die Möglichkeiten des ethischen Redens sind unbegrenzt steiger-
bar. Jede universitäre Disziplin kann ihr eigenes Fach noch einmal neu
aus ethischer Perspektive reflektieren, jede Fakultät braucht eine eigene
Ethikkommission, und wer sich gedacht hatte, dass schon Feminismus
allein bedeutet, die Berücksichtigung des anderen einzufordern, der
muss sich verwundert belehren lassen, dass es auch noch eine feminis-
tische Ethik gibt. Aber es sind nicht nur die Universitäten, die sich
ethisch neu aufstellen, sondern auch die Wirtschaftsorganisationen, die
Krankenhäuser, die Politik, unser Alltag. Mehr Ethik scheint die Welt
automatisch besser zu machen. Ethik als besondere Form des Redens
geht gerne aus sich heraus. Sie will über ihren Anlass hinaus wirksam
sein, sie will etwas wirklich ernsthaft reflektieren und es nicht bei guten Sätzen belassen. Wie einflussreich diese Form der »Ethisierung« ist,
wird deutlich, wenn man sie mit ihrer historischen Vorgängerin vergleicht: der Versozialwissenschaftlichung.

Die 1960er- und 1970er-Jahre waren die große Zeit der Übertragung
sozialwissenschaftlicher Begriffe auf die unterschiedlichsten Kontexte
außerhalb der Sozialwissenschaften. Man kann in die Soziologiege-
schichte zurückgehen, um sich zu fragen, welche Begriffe und Konzepte
dabei im Vordergrund standen, welche Denker diese Zeit maßgeblich
geprägt haben, aber man bedenkt dabei nicht, dass sich die Gesellschaft in ihren Selbstthematisierungen selber schafft. Viel wichtiger ist
deshalb, nicht nur einfach Geschichtsschreibung zu machen und im
Übrigen die Gesellschaft vorauszusetzen, sondern »die Selbststabilisie-
rung einer fragilen Praxis empirisch zu beobachten«.[1] Armin Nassehi
hat in seinem Buch über den soziologischen Diskurs der Moderne eine
vernichtende Dekonstruktion der soziologischen Vernunft verfasst, die
in der Soziologie selbst bislang vermutlich gar nicht verstanden werden kann. Von welchem Standpunkt aus schreibt man so etwas? Aus
der Perspektive einer Post-Soziologie? Und auch der Autor selbst kann
gar nicht so genau sagen, ob der Soziologie nur ihr Publikum verloren
gegangen ist oder ob dieses Buch die gesamte Soziologie verabschiedet
hat, nachdem es mit den Grundlagen des soziologischen Denkens so

gründlich aufräumt. All die spannenden Erzählungen Nassehis darüber, wie die Soziologie sich mit dem Gesellschaftsbegriff ihre eigene Wirklichkeit geschaffen hat, kann man viel besser verstehen, wenn man mit dieser Wirklichkeit tatsächlich einmal abschließt. Lassen Sie uns die große Zeit der Versozialwissenschaftlichung aus der Perspektive einer Gesellschaft rekonstruieren, die gar keine Gesellschaft mehr sein will, die ihren Protagonisten nicht mehr traut, weil sie die Probleme ja doch nicht lösen.

Die Soziologie ist – so Armin Nassehi – die Erzählung davon, dass sich alles wandelt und dass man das Gesellschaft nennt. Die Soziologie ist älter als ihr erfolgreichstes Kind, die Versozialwissenschaftlichung. Sie hat bürgerliche Wurzeln, die sich auch noch in den jüngsten Produkten einer Kritik des Bürgerlichen wiederfinden lassen. Nach Armin Nassehi beginnt alles bei Hegel und der Idee, dass der Einzelne seine Bedürfnisse zu gesellschaftlichen Bedürfnissen umformen muss und auf diese Weise das Besondere mit dem Allgemeinen versöhnt. Und fast alle soziologischen Theorien scheinen, wenn man sich auf diese Fährte begibt, dieser Idee von der Notwendigkeit einer Vernunft, die sich von allein entfaltet, wenn alles zueinanderpasst, zu folgen. Man muss einmal diese Denkfigur des Systembegriffs mögen, in der sich für Hegel zeigt, dass sich Vernunft selbst verwirklicht. Da wird offenbar historisch schon ganz früh mit theoretischen, mit denkerischen Mitteln das soziologische Programm komplett bis an seine Leistungsgrenze ausgefahren. Was sich in den soziologischen Theorien später dann nur noch wiederholen muss, ist die jeweils anders gestrickte Versöhnung von Theorie und Normativität, Subjekten und Moral, Systemen und ihrer Integration, Handelnden und ihren (authentischen) Motiven. Nassehi untersucht diesen »soziologischen *frame of reference*«: »Wie funktioniert die Soziologie? Was macht ihre Fragen plausibel? Zu welchen Fragen passen ihre Antworten? Und welche Art Antworten erwartet man, wenn man fragt, wie es die Soziologie getan hat und immer noch tut? In welcher Gesellschaft stellt die Soziologie die Frage nach der Gesellschaft, und inwiefern nehmen andere Beobachter in der Gesellschaft die Soziologie der Gesellschaft wahr?«[2] Seine Antwort lautet: »Das Gesellschaftliche der bürgerlichen Gesellschaft ist exakt dies: dass sich Lösungen vor einem Publikum bewähren müssen und dass das Publikum nicht einfach da ist, sondern sich gerade dadurch konstituiert, dass es als Bewährungsraum angesprochen wird.«[3]

Praktisch hat das bedeutet, dass man in die Begriffe und Konzepte immer schon eine Idee davon eingebaut hatte, wie sich aus all der Gleichzeitigkeit von Unterschiedlichem doch wiederum etwas ergibt, was sich als Zusammenführung des Unterschiedlichen verstehen lässt, als Verallgemeinerung des Besonderen, als Besonderung des Allgemeinen. Der Trick besteht dann darin, dass man zum Beispiel nur Motive untersucht, die streng empirisch gesehen mit den Handlungen nur insofern etwas zu tun haben, als sie sich darauf beziehen. Aber sie werden nachträglich erhoben und unterliegen völlig anderen Bedingungen als das Handeln selbst. Sie sind eine soziologische Erfindung, für die wir uns nicht interessieren würden, wenn wir nicht glauben würden, dass wir mit ihrer Hilfe die Gesellschaft gestalten könnten. Eine ebenso bewährte Vorgehensweise stellt die Verlagerung der Idee der Zusammenführung in die Zukunft dar. Das habermassche »Projekt der Moderne« vertröstet uns auf eine Zukunft, in der die »komplexen Verletzungen und sublimen Vergewaltigungen«[4] geheilt sein werden. Beide Modelle sind hier für uns interessant, weil sie die Frage danach, wie sich unsere Gesellschaft zu einer besseren verändern wird, mit theoretischen Mitteln lösen.

Die Soziologie und ihr handelndes, emanzipationsbedürftiges Subjekt mit seinen guten oder schlechten Motiven sind gleichursprünglich. Sie sind beide nur Skizzen auf einem weißen Blatt Papier und entfalten einen Gestaltungsraum, der – auf dem Papier – unendlich ist. Und das ist es, was nun das Ethischwerden der Gesellschaft rechtfertigt. Während eine versozialwissenschaftlichte Gesellschaft gelernt hatte, die Ungleichheit der Geschlechter über eine unterschiedliche Sozialisation und damit verbundene Reproduktionsmuster sozialer Ungleichheit zu verstehen und für änderbar zu halten, möchte eine nächste

Generation nun vor allem etwas ändern. So ein Instrument wie das *Gender Mainstreaming* löst in exemplarischer Weise die Debatten über Handlungsstrukturen und vermachtete Subjekte ab. Man kann sofort schauen, wie viele Frauen und wie viele Männer an einer Universität arbeiten, ins Parlament gewählt werden und viel Geld verdienen. Der Blick auf die beteiligten Personen und ihre gleiche Beteiligung ist viel effizienter und die Logik ist ganz anders. In dem Moment, wo man sich dieses nur noch an der gleichen Berücksichtigung von Personen orientierte ethische Reden als eine Nachfolgerin der Soziologie vorstellt, werden beide Formen, die von Nassehi dekonstruierte Soziologie und die Ethisierung der modernen Gesellschaft, richtig sichtbar.

Die soziale Ebene: Hineinversetzen

Die *Social Media* haben erfolgreich das Tagebuch verdrängt und setzen nun ganz andere Relevanzen. Die Selbstdarstellungen weichen auf Bilder aus und setzen den Einzelnen ständig in Bezug zu den vielen anderen Freunden, mit denen man in Kontakt bleiben möchte. Das Besondere an den Bildern ist nun: Sie erzwingen keine Kontinuität. Sie vermitteln, dass man Geburtstag hat, ein Kind bekommen hat oder den Job gewechselt hat, an tollen Orten Urlaub macht und überhaupt auch ein Privatmensch ist. Sie reizen die Frage der Selbstdarstellung anhand von Neuigkeiten aus und nutzen dafür den Moment.

In dieser Bildergesellschaft, die nicht nur durch *Social Media*, sondern auch durch die Massenmedien und die feinziselierten Identifikationsangebote einer modernen Großstadt mitproduziert wird, entsteht so eine Vielfalt von Referenzen für die eigenen Selbstdarstellungsmöglichkeiten – und das Problem der Authentizität. Während die sozialwissenschaftlich informierten Rollenträger noch nach einem Kern der Ich-Identität gesucht haben, ahnen die ethisch informierten Konsumenten von Bildern schon, dass ihre Suche nach Authentizität nach immer neuen Bildern verlangt. Immer wieder begegnen uns neue Bilder von anderen, und so, wie wir lernen, uns modisch zu kleiden und uns in neuen Stilrichtungen wiederzuentdecken, lernen wir auch, die Pose der anderen an uns auszuprobieren.

Interessanterweise wiederholt sich hier ein Muster, das wir schon aus der Gesellschaftskritik kennen: die Steigerung von Optionen. Kleinster gemeinsamer Nenner der meisten Formen politischer Beteiligung in Städten ist vermutlich die Kritik an dieser Steigerung von Optionen, am Wachstum, aber auch unsere Selbstbeschreibungen unterliegen dem gleichen Muster: Wir wollen immer neue Bilder und entdecken immer neue Identifikationsangebote in den vielen Bildern des anderen.

Was machen wir mit diesen Bildern? Bilder sind keine Argumente. Sie erzeugen Gefühle und sie sind zunächst nur ästhetische Oberflächen. Unseren Umgang mit diesen Bildern könnte man als Einübung eines empathischen Verhaltens verstehen. Aber was ist das? Empathie ist ein anderes Wort für Sich-Einfühlen, Sich-Hineinversetzen in den anderen. Wir sollten uns diese gesellschaftliche Praxis des Sich-Hineinversetzens einmal genauer anschauen.

Die Idee des »Sich-Hineinversetzens in den anderen« ist eine gesellschaftliche Praxis, die wir alle kennen, die aber eigentlich nicht selbst zum Thema wird. Wenn man die Formulierung beim Wort nimmt, müsste man eigentlich sagen, dass das gar nicht geht, weil wir auf keine denkbare Art und Weise in den anderen hineinschauen können. Gerade deshalb können wir es überhaupt wollen und gerade deshalb macht die Soziologie davon so viel Gebrauch, ohne das Hineinversetzen selbst zum Grundbegriff zu machen.

George Herbert Mead, ein Theoretiker des Symbolischen Interaktionismus, verwendet diesen Begriff, um zu verdeutlichen, wie sich menschliches Sprechen von der tierischen Geste unterscheidet. Während das Tier instinktgebunden reagiert und sich durch seine Laute nicht zum Nachdenken anregen kann, ermöglicht das Sprechen dem Menschen, sich beim Sprechen zuzuhören. Der Sprecher kann sich selbst als Adressat seines eigenen Sprechens vorstellen und sich fragen, wie das, was er sagt, auf ihn und damit auch auf andere wirkt. Dass er das kann, liegt daran, dass er sprechen, sich selbst also zuhören kann. Dass er es muss, liegt daran, dass er mit anderen Menschen zusammenlebt und nach und nach lernt, mit diesen anderen zu rechnen. Während das kleine Kind noch im Rollenspiel nur zwei Rollen ausprobiert, zum Beispiel den Verkäufer und den Kunden, lernt das größere Kind, seine Rolle im Hinblick auf mehrere andere abzustimmen. Es lernt ein »taking the role of the other«, woraus Mead schließt, dass daraus eine gemeinsame Menge an geteilten Symbolen entsteht. Für Mead war klar, dass dies als innerer Dialog in jedem Einzelnen stattfindet und sich diese Dialoge zu einem Diskursuniversum aufrunden.[5]

In den 1970er-Jahren hat es eine daran orientierte Pädagogik gegeben, die davon ausging, dass man Fragen kultureller Diversität lösen kann, indem man möglichst unterschiedliche Kinder zusammenbringt. Die Idee war, dass, wenn erst einmal alle sich ineinander hineinversetzt hätten, die Unterschiede verschwinden und einer allgemeineren Form von gemeinsamer Menschlichkeit, vielleicht Vernunft, Platz machen. Dieser theoretische Ansatz war zu der Zeit so populär und wurde so stereotyp verwendet, dass die Plagiatsvorwürfe gegenüber Annette Schavan, die 1980 unter anderem mit eben diesen theoretischen Sätzen promoviert wurde, fast ein bisschen komisch wirken. In Meads Identitätstheorie des Verstehens des anderen konvergierte ein sozialwissenschaftliches gemeinsames Verstehen, bei dem die konkreten Sätze dieses großen Theoretikers fast bedeutungslos wurden und sich sozusagen in einem Identitätsbrei verloren.

Auf Mead hat auch Jürgen Habermas Bezug genommen, der eigentlich der Großtheoretiker des Hineinversetzens ist. Man muss, wenn man verstehen will, wie er sich eine bessere Gesellschaft denkt, an die zentralen Stellen seiner Texte zurückgehen, in denen er erklärt, wie das »Projekt der Moderne« ins Laufen kommt. Habermas erläutert in seinem Text zur Entstehung des modernen Moralbewusstseins, wie ein Kind nach und nach lernt, sich selbst von seiner Mutter zu unterscheiden, die Perspektiven von sich und einem möglichen Gegenüber zu verstehen, um dann anschließend auch noch zu erlernen, dass man alles aus der Position des Beobachters sehen kann. Habermas nennt das die Einübung in die grammatischen Personalpronomen ich, du, er, sie, es und adelt diesen Zusammenhang als System: »Diese Vervollständigung des Systems der Handlungsperspektiven bedeutet zugleich die Aktualisierung des vollständigen, in der Grammatik der Personalpronomina angelegten Systems der Sprecherperspektiven, das ein neues Niveau der Gesprächsorganisation ermöglicht. [...] Sobald die Interaktion in diesem Sinne umstrukturiert wird, können die Beteiligten nicht nur gegenseitig ihre Handlungsperspektiven übernehmen, sondern die Perspektiven der Teilnehmer gegen die Beobachterperspektive *auswechseln* und ineinander transformieren.«[6]

Meine These wäre nun, dass ein großer Teil unseres täglichen Lebens mit seinen vielen Möglichkeiten zum zivilgesellschaftlichen Engagement, zur Partizipation, zur Reflexion immer wieder diese eine Figur bemüht: das Hineinversetzen. Mit der Betonung dieses Phänomens geht es mir nicht darum, zu behaupten, das sei schlecht, sondern nur darum, eine wissenschaftliche Frage danach, was wir da eigentlich tun, zu beantworten.

Die Idee des Sich-Hineinversetzens in jemand anderen schafft Vergleichbarkeit. Mead und Habermas haben sich dafür interessiert, wie durch die Übernahme von Perspektiven ein gemeinsames Wissen entsteht: das generalisierte Symbol beziehungsweise das gute Argument. Vorgestellt hatten sie sich, dass sich die Partikularismen auflösen und den Blick frei geben auf vernünftige Verständigungsprozesse. Was wir aber nun beobachten können, scheint anders zu funktionieren. Kirchliche Akademien, Theater, politische Foren und Streetlife-Festivals interessieren sich für kulturelle Vielfalt und erzeugen Partizipationsformen, die ihre Teilnehmer von vornherein auf kulturelle Beschreibungen festlegen. Spätestens ab diesem Zeitpunkt ist nun nicht mehr eindeutig zu bestimmen, ob es in solchen Veranstaltungsformen um die *Anerkennung* oder um die *Hervorbringung* von kulturellen Sprechern geht.

Was bedeutet das für unsere Selbstbeschreibungen? Unsere Selbstbeschreibungen steigern sich offenbar über die Vielfalt von unterschiedlichsten Vorlagen. Die Gelegenheiten zum Hineinversetzen explodieren. Individualität war schon immer eine Beschreibungsform, die auf Steigerung setzen musste, aber nun wird dieser Mechanismus zu einer Form des guten Lebens. Die Ethik, die sich dahinter verbirgt, mag das Hineinversetzen, mag das andere. Habermas hatte sich dafür interessiert, dass das Hineinversetzen ein Mittel zum Zweck ist, es ging ihm um das gute Argument. Das Hineinversetzen selbst scheint nun aber zum Ziel geworden zu sein. Man kann darauf eine ganze Gesellschaftskritik aufbauen, aber auch ganz einfach sein Bedürfnis nach Exotik damit bedienen.

Die sachliche Ebene: Flüstern und Schweigen

Aus dieser Perspektive wären unsere modernen ethischen Sensibilisierungen, egal ob in der soziologischen Theorie oder im städtischen Alltag, eigentlich vor allem Erzählungen, die darauf reagieren, dass unsere Selbstbeschreibungen im Begriff des Individuums keinen Halt finden. Tun sie ja auch wirklich nicht. Das Besondere der modernen Selbstbeschreibung des Einzelnen ist ja gerade, dass sie nicht mehr über den Status festgelegt ist. Sie ist frei! Wir können uns als Männer oder Frauen, als Besitzer eines kulturellen oder migrantischen Hintergrunds, als Beherrschte oder Herrschende, als Reiche oder Arme beschreiben. Wir orientieren uns dabei an gesellschaftlichen Erwartungsstrukturen, aber prinzipiell wäre alles möglich.

Unsere gegenwärtige Debatte über Geschlechterrollen oder die Unterscheidung zwischen *humans* und *non-humans* zeigt, dass es zwar Konventionen gibt, die eine große Plausibilität über die biologischen Unterscheidungen erfahren, die sich aber im Zuge einer Steigerung des ethischen Redens auflösen lassen. Wir können nicht losgelöst von individuellen Selbstbeschreibungen jemanden als Mann oder Frau, als Ausländer oder Deutscher, als Mensch oder Tier beschreiben. Und das gilt sogar dann noch, wenn die Tiere nicht reden können. Wir versetzen uns in sie hinein und stellen uns vor, was sie sagen würden, wenn sie mitreden könnten.

Junge gendersensible Paare, die ein Kind bekommen, sind sehr erstaunt über die Unausweichlichkeit der Tatsache, dass die Frauen die Kinder kriegen. Unsere Studenten fangen an zu flüstern, wenn sie darüber reden. Sie sind unsicher, ob man das sagen darf. Ist das frauenfeindlich? Oder männerfeindlich? An den unterschiedlichsten Stellen brechen diese Unsicherheiten auf. Ist die Tatsache, dass man für die Haltung von Stieren Kraft braucht und sie deshalb von den Bauern und nicht den Bäuerinnen übernommen wird, ein überkommenes Geschlechternarrativ? Darf man das nicht sagen, dass Männer im Durchschnitt mehr Kraft haben als Frauen? Muss man wollen, dass auch Frauen für Stiere zuständig sind? Haben sie nur deshalb weniger Kraft, weil die Männer ihnen das bessere Essen vorenthalten? Ist Autismus eher eine männliche Krankheit? Was bedeutet es, wenn die Kindersendung *Sesamstraße* mit einem autistischen Mädchen für mehr Akzeptanz von Autismus wirbt? Ist es gut, wenn auch Frauen ein Recht auf Autismus haben? Wird Autismus bei Mädchen nicht sichtbar, weil die weibliche Geschlechterrolle den Mädchen ein sozialeres Verhalten aufzwingt? Könnte man die Macht einer solchen Geschlechterrolle dann nicht auch für die autistischen Jungs nutzen?

Was bleibt eigentlich von sachlichen Argumenten übrig, wenn wir uns in dieser Weise ethisch sensibilisiert begegnen?

Als ich diese Beispiele neulich auf einer Tagung so ansprach, meldete sich eine Zuhörerin, um zu kritisieren, dass ich nicht von Cis- und Transmenschen gesprochen hatte und dass es im Übrigen doch möglich sei, dass Männer Kinder bekämen. Die Unterscheidung zwischen Cis- und Transmenschen folgt der plausiblen Idee, dass es ja tatsächlich komisch ist, wenn man immer nur die Abweichenden, also die Transsexuellen bezeichnet. Der Sexualwissenschaftler Volkmar Sigusch möchte aber mit seiner Begriffsprägung Cissexuelle vor allem den Status der Abweichung unsichtbar machen, und auf eben diese Weise hat auch die Zuhörerin mit ihrem Hinweis die Symmetrie zwischen Cis und Trans eingefordert und damit elegant zu den Kinder kriegenden Männern übergeleitet. Aber wie geht die Sache mit dem Kinderkriegen bei den Männern? Das Interessante an der Situation auf der Tagung war, dass alle Beteiligten verhindert haben, darüber zu reden. Die Veranstalter wurden unruhig und blickten besorgt. Nach und nach fiel mir auf, dass es einen zentralen Unterschied zwischen mir und den anderen besorgten Teilnehmern gab: Ich wusste bereits, dass es geht und wie es geht, und konnte ganz entspannt der Fragestellerin das Wort geben und sie bitten, es einmal allen zu erklären. Umso überraschter war ich, als die Fragestellerin sich daraufhin beschwerte, ich würde sie unter Druck setzen. Die Moderatorin hat diese Gelegenheit sofort genutzt, um darum zu bitten, das Thema nicht zu vertiefen. Interessierte es die Anwesenden nicht, zu erfahren, wie die Sache mit dem Kinderkriegen bei den Männern geht?

Diese Situation scheint mir sehr typisch zu sein. Da wird etwas behauptet, was ja vermutlich für alle Zuhörer eine sehr spektakuläre Information ist. Männer können Kinder kriegen? Echt? Geht das wirklich? Aber anstatt nachzufragen und sich dafür zu interessieren, wie das denn möglich sein kann, ist Stille. Alle schweigen. Das kann man als taktvoll bezeichnen, aber dann wäre es noch erklärungsbedürftiger. Wir signalisieren anderen, dass wir ihren Wunsch nach symmetrischer Berücksichtigung anerkennen, indem wir nicht weiter nachfragen. In einer Universität. Mir geht es nicht darum, diese Situation ins Lächerliche zu ziehen, aber damit sichtbar wird, wie ein solches ethisches Reden aussieht, möchte ich die vermutlich vielen präsente, vergleichbare Szene aus dem Filmklassiker *Das Leben des Brian*, einer Komödie der britischen Gruppe Monty Python aus dem Jahr 1979, zitieren.

Stan: Die Frauen haben ein natürliches Recht, in unserer Bewegung eine Rolle zu spielen.
Francis: Warum redest du nur pausenlos über Frauen, Stan?
Stan: Weil ich eine sein möchte …
Rech: Was?

Stan/Loretta: Ich möchte eine Frau sein. Ich möchte, dass ihr … dass ihr mich von jetzt an Loretta nennt.

Rech: Was?

Stan/Loretta: Das ist mein Recht als Mann.

Judith: Ja, aber warum möchtest du Loretta sein, Stan?

Loretta: Weil ich Babys haben möchte.

Rech: Was möchtest du haben? Babys???

Loretta: Jeder Mann hat das Recht, Babys zu haben, wenn er sie haben will.

Rech: Aber, aber du kannst keine Babys haben.

Loretta: Unterdrücke mich bitte nicht.

Rech: Ich unterdrücke dich überhaupt nicht, Stan. Aber du hast keine Mumu. Eine Gebärmutter hast du auch nicht. Wie soll denn das funktionieren? Willst du's in 'ner Zigarrenkiste aufheben?

Judith: Warte. Ich habe eine Idee: Nehmen wir an, dass ihr euch darauf einigt, dass er keine Babys bekommen kann, weil er keine Gebärmutter hat, woran niemand schuld ist, nicht mal die Römer, aber dass er das absolute Recht hat, Babys zu bekommen.

Francis: Gute Idee, Judith. Wir kämpfen gegen die Unterdrücker, für dein Recht, Babys zu haben, Bruder. Verzeihung. Schwester.

Rech: Das ist doch aber sinnlos.

Francis: Was?

Rech: Es ist vollkommener Blödsinn, für sein Recht, Babys zu bekommen, zu kämpfen, wenn er keine Babys bekommen kann.

Francis: Es ist, ähm, symbolisch. Für unser Ringen gegen die Unterdrückung.

Rech: Symbolisch für sein Ringen gegen die Realität.

Diese berühmte Szene verdeutlicht, wie frei wir in unseren modernen Erzählungen unsere Identität selbst bestimmen können. Es geht gar nicht darum, herauszukriegen, ob jemand wirklich eine andere Geschlechtsidentität hat oder nicht. Es ist zunächst einmal schlicht möglich, so etwas zu behaupten und darin eine Antwort auf Probleme der eigenen Selbstbeschreibung zu finden. Auch die üblicherweise mit mehr gesellschaftlicher Legitimation ausgestatteten Erzählungen nutzen diese Möglichkeit. Wer viel Erfolg hat, kann sich gut ausdenken, dass er grundsätzlich alles besser kann als andere, und man wird dann nicht mehr sagen können, ob er wirklich alles besser kann oder sich nur selber vorstellt, es zu können. Pierre Bourdieus Habitus-Theorie ist für diesen Fall der Beschreibung einer gesellschaftlichen Praxis der »symbolischen« Legitimation gemacht. Die bürgerliche Praxis des besseren, feineren Lebens ist nicht einfach besser oder feiner, sondern nur besser ausgestattet mit all den Mitteln gesellschaftlicher Anerkennung für selbstbewusstes Auftreten, die das gute Leben vom schlechten unterscheiden.

Es steckt viel Sprengkraft in diesen sich so offensiv verselbständigenden Selbstbeschreibungen, mit denen sich unsere Gesellschaft im Moment so kreativ versorgt. Jeder, der es sich anschaut, lernt: Keine etymologischen Studien, keine philosophischen Begriffsgeschichten, keine Ursprungsmythen, keine rechtlichen Begrenzungen können dem Einhalt gebieten. Das betrifft die Gender-Debatte genauso wie die Debatte über Fremde und nationale Grenzen und auch unser Verhältnis zu Tieren, obwohl wir stellvertretend für die Tiere reden müssen. Wer gerade jetzt noch mehr Anerkennung für marginalisierte Lebensformen will, wird mit dem Status quo unzufrieden sein, aber wer sich dafür interessiert, wie sich eine gesellschaftliche Praxis im Hinblick auf Freiheiten und Grenzen der Selbstbeschreibung verändert, der muss erstaunt darüber sein, wie sich – sowohl abweichende als auch die Norm behauptende – Identifikationspraktiken formieren.

Noch einmal zurück zum Kinderkriegen. Die vermutlich für alle unglaubliche Behauptung, Männer könnten Kinder kriegen, blieb auf der Tagung ein Geheimnis, das alle gleichermaßen hüten wollten. Keiner hat nachgefragt. Aus Desinteresse? Oder weil sowieso alle zu wissen glauben, dass diese Behauptung nur eine Behauptung ist, die einfach nur anerkannt werden will?

Die Freiheit der gezielten strategischen Selbstbeschreibung ist die *eine* Seite des Phänomens, die Inanspruchnahme von symmetrischen

Mustern der Betroffenheit von irgendetwas ist die *andere* Seite. Muss das immer symmetrisch sein? Ist erst alles gut, wenn Männer genauso sind wie Frauen, Frauen genauso wie Männer, wenn Männer Kinder kriegen und Frauen Karriere machen? Ist alles sagbar unter dieser Bedingung? Ich betone dieses Zusammenspiel aus Anerkennungspraktiken und Schweigen, um zu verdeutlichen, wie unverstanden diese Form des ethischen Redens ist. Wir schauen uns die im Moment neu entstandene Symmetrie glücklich an, diskutieren aber nicht mehr. Wir reden in genau dem Moment nicht mehr darüber, dass wir uns wundern, wie stabil sich die Form der Zweigeschlechtlichkeit in unserem Alltag niederlässt, wie festgelegt doch vieles in unserem Leben ist, weil wir unterschiedliche Körper haben. Die Asymmetrie ist hässlich, sie erzeugt keinen Bedarf für Diskussionen, sie will sofort aus der Welt geschafft werden, und dabei müsste man doch genau darüber reden.

Ein anderer klassischer Topos des symmetrisierenden ethischen Redens ist die Textilarbeiterin in Bangladesch. Modezeitschriften verweisen auf sie genauso souverän wie die Studierenden der Soziologie. Auch bei der von mir eben erwähnten Tagung spielte sie eine prominente Rolle. Das ist gut so, aber auch da reichte allein der Hinweis auf sie aus. Es wird nicht darüber geredet, wie es zu diesen krassen Formen sozialer Ungleichheit in unserer Weltgesellschaft kommt und was man dagegen tun kann. Es wird vielleicht ein Schuldiger gefunden, globale Unternehmen oder wir. Aber wie die Produktionsabläufe genau aussehen, was es bedeutet, wenn globale Unternehmen in souveräne Staaten hineinregieren, welche Folgen es hat, wenn man als Textilarbeiterin mehr verdient als als Lehrerin, und: welche Folgen es für die Textilarbeiterin hat, wenn sie ihren Arbeitsplatz verliert, weil wir keine Billigmarken mehr kaufen, darüber reden wir nicht. Schauen Sie mal auf der Homepage von NETZ Bangladesch nach. Die Menschen in Bangladesch brauchen nicht weniger, sondern mehr Geld. Die Mitarbeiter der Entwicklungshilfe warnen davor, weniger Kleidung zu kaufen: »Trotz der Häufung von Industrieunfällen ist ein Boykott bangladeschischer Textilwaren keine Lösung. Die Existenz von vier Millionen

Näherinnen und Nähern und ihrer Familien hängt von der Textilbranche ab.«[7] Anstatt uns zu informieren und uns mit der Problematik auseinanderzusetzen, genießen wir das Glück der Symmetrie, und das geht so: Wir machen uns vergleichbar, bringen beliebige andere auf Augenhöhe, sehen uns von der Unterschiedlichkeit der Lebensverhältnisse betroffen, fühlen uns schuldig und sind dann zufrieden. Damit ist leider nur uns geholfen.

Der Ethiker Peter Singer will Leben retten und Armut abschaffen, indem er selbst einen Teil seines Gehalts spendet und uns auch dazu aufruft. Sein zentrales Argument besteht in einem Bild: Er vergleicht die Situation eines Kindes, das in unserer Sichtweite in einem Teich zu ertrinken droht. Jeder würde helfen, auch ohne Rücksicht auf die eigene, vielleicht teure Kleidung. Im Unterschied dazu sterben in armen Ländern nach Schätzung der UNICEF jeden Tag rund 16 000 Kinder, elf Kinder pro Minute, an zum großen Teil heilbaren Krankheiten. Seine Lösung dafür ist: Wir sollen spenden, und zwar so viel und so lange, bis man selber unter der Spende mehr leidet als damit geholfen wird.[8] Das klingt überzeugend, und es ist kein gutes Argument, einfach nur dagegenzuhalten, indem man betont, wie bequem die Menschen doch sind. Das bessere Argument wäre, dass der durch solches Spenden erzeugte nennenswerte Konsumverzicht vor Ort auch Folgen woanders in der Welt produzieren würde. Vielleicht bei den Textilarbeiterinnen in Bangladesch? Und vor Ort würde ein starker Konsumeinbruch auch die privaten Einkommen verändern und damit die Möglichkeit zum Spenden. Dann hätten wir schlechtere Bedingungen für die Textilarbeiterinnen und zunehmend weniger Spenden. Aber dafür interessiert sich eigentlich niemand. Helfen ist offenbar schwieriger, als man denkt. Symmetrie herstellen, sich schuldig fühlen und zumindest in Gedanken auf Konsum verzichten ist eine sehr oberflächliche Lösungsstrategie. Das größere Problem mit der Symmetrie ist jedoch, dass wir uns mit dieser Art von guter Praxis zufriedengeben, dass sie eine sachliche Auseinandersetzung mit dem Thema blockiert. Wie kommt es zu diesen Blockaden der sachlichen Vertiefung?

Asymmetrien sind unsere Drogen

Es gibt nicht nur inhaltliche Gründe für solche Blockaden der sachlichen Vertiefung, sondern auch technische. Unter dem Stichwort Cyberaktivismus werden Formen des politischen Engagements zusammengefasst, deren Gemeinsamkeit darin besteht, das Internet als Verbreitungsmedium zu nutzen. Die Erwartungen an solche Formen des Protests sind mittlerweile gesunken, aber vor allem deshalb, weil sich nicht so richtig zeigen lässt, dass diese dezentrale und kostengünstige Form des Protests politisch – wie auch immer – wirksam ist. Das Versprechen der zwanglosen Demokratisierung durch das Internet lässt sich nicht halten. Eine schöne Studie von Kevin Lewis, Kurt Gray und Jens Meierhenrich über eine beispielhaft erfolgreiche, auf Facebook organisierte Kampagne zur Spendenbeschaffung für Darfur kommt zu dem Ergebnis: »Neither recruitment nor donation results were impressive: most individuals in our data set recruited no one else into the Cause and contributed no money to it.«[9] Nur einigen sehr wenigen Leuten war zuzurechnen, dass die Kampagne eine so große Teilnehmerzahl (circa eine Million) aufwies, und auch das Spendenaufkommen (etwa 90 000 Dollar) verdankte sich diesen wenigen Leuten und ihrer Akquisitionsarbeit. 99,76 Prozent der Teilnehmer haben nichts gespendet.

Wenn man die Enttäuschung über diese Zahlen hinter sich lässt, bleibt aber doch beeindruckend, wie viele Teilnehmer diese Kampagne gefunden hat. Und die vielfältigen Formen, in denen mittlerweile unterschiedliche Internetplattformen solche Kampagnen anbieten (zum Beispiel Campact, Change.org, openPetition), verdeutlichen, dass zwar die Enttäuschung der Politikwissenschaftler vielleicht berechtigt ist, die Begeisterung der Cyberaktivisten aber doch groß. Mit der Beteiligung am Onlineprotest wiederholt und stabilisiert sich für den Facebook-Nutzer eine Aktivität, die wir bereits aus der Inszenierung von Anerkennung kennen. Eine Kampagne zu mögen, ihre Inhalte weiterzuverbreiten, setzt keine argumentative Auseinandersetzung voraus.

Das Teilen solcher Anliegen erfolgt auf die gleiche Weise und mit einer ganz ähnlichen Begeisterung wie das Teilen von Katzenbildern. Die Ähnlichkeit kann man allerdings nur sehen, wenn man sich vorstellen kann, dass sich Schuldbewusstsein gut anfühlt. Die Community teilt ihr Schuldbewusstsein miteinander und gewinnt auf diese Weise ein Gefühl dafür, in welcher Welt sie ganz beruhigt Katzenfotos mögen kann: in einer Welt der von allen kritisierten Ungleichheit.

Das Teilen von Onlineprotest ist kein Entlastungsmechanismus von der Schuld, sondern ein Stimulans. Es funktioniert wie eine Droge, die den Drogenabhängigen immer wieder in seiner Abhängigkeit bestätigt. Wir sind gefangen in einer Anerkennungspraxis, die davon lebt, dass wir Symmetrien für gut und Asymmetrien für schlecht halten. Damit ist nicht gemeint, dass Asymmetrien eigentlich gut sind, und auch nicht, dass es nicht gut ist, sie schlecht zu finden. Damit ist nur gemeint, dass wir uns blind auf die Darstellung von Asymmetrien einlassen. Wir verstehen nicht, welche Bedeutung sie heute für uns haben, weil wir über ihre Bedeutung gar nicht reden können. Asymmetrien sind die hässliche Seite einer Gesellschaft, die sich als modern versteht und die sich keine kategorialen Unterschiede zwischen Menschen mehr vorstellen kann. Asymmetrien sind so hässlich, dass wir glauben, sie sofort heilen zu müssen. Noch bevor wir sie einmal in Ruhe angeschaut haben, lösen wir sie schon in Symmetrien auf. Schweigend und online.

Wir sollten über die Asymmetrien reden. Ein schönes Beispiel für unseren modernen Anerkennungsfuror stellen die Human-Animal Studies dar. Sie möchten zeigen, dass Tiere eigentlich doch auch mit uns reden, zumindest miteinander oder sogar mit artfremden Tieren, dass sie Gefühle haben, und am schönsten wäre es, wenn man zeigen könnte, dass sie handeln können. Das Konzept des handelnden menschlichen Akteurs erscheint aus der Perspektive von Tierrechtlern als Inbegriff einer modernen Hybris des Menschen. Stimmt ja auch, denn im Konzept der geplanten rationalen Handlung, die sich mit sprachlichen Mitteln authentisch selbst erklären kann, idealisiert sich – so

Armin Nassehi in seinem soziologischen Diskurs der Moderne – eine bürgerliche Gesellschaft mit soziologischen Mitteln. Die Tierrechtler erklären sich unsere Unterscheidungspraxis zwischen Menschen und Tieren über starke Dichotomien: Sprache/Körper, Mann/Frau, Vernunft/Gefühl und die Kopplung von all dem in der Herrschaft des weißen Mannes über die unterlegene Frau, den unterlegenen Fremden, das unterlegene Tier. Aber können Tiere nur deshalb nicht sprechen, weil die klugen Männer sie daran gehindert haben? So wie ja tatsächlich Frauen und Fremde, von wem auch immer, in unterschiedlichen Kulturen am Sprechen gehindert wurden?

Wie nötig es ist, dass wir uns Gedanken darüber machen, was wir tun, wenn wir von der Soziologie ins ethische Reden wechseln, und wie dringend wir eine soziologische Dekonstruktion der soziologischen Vernunft brauchen, kann man ganz eindrücklich daran sehen, wie die Tierrechtler gleichzeitig die Idee des menschlichen Handelns kritisieren und den Tieren diese Handlungsfähigkeit dann doch genauso wie den Menschen zusprechen wollen. Auch wenn man sich gerne von diesem bürgerlichen Konzept trennen würde, möchte man doch zunächst Symmetrie herstellen. Man muss dem Arbeitskreis Chimaira, der sich dieses Thema vorgenommen hat, zugutehalten, dass er an jeder Stelle der Argumentation die Gewagtheit dieses Gedankenganges sichtbar macht.[10] Aber man kann doch auch mitbeobachten, wie verführerisch es erscheint, diese Hürde nehmen zu können. Also: Können Tiere handeln? Können sie sich für irgendetwas entscheiden – jenseits von Instinkt oder Training oder Zufall? Können sie einem eigenständigen Gedanken Ausdruck verleihen – jenseits von Sprache? Wir werden vorsichtig darauf vorbereitet, dass man auch Mineralien eine eigenständige Handlungsfähigkeit zugestehen kann, wenn man berücksichtigt, dass ihr Mineralisierungsprozess über viele Jahrtausende geht und deshalb nicht so sichtbar ist wie bei Menschen. Und dann erfahren wir etwas über die Kuh Bavaria.

Die Kuh Bavaria ist im September 2014 aus einem Münchener Schlachthof ausgebrochen, weil eine Absperrvorrichtung nicht geschlossen war. Sie wurde auf der Theresienwiese von Polizisten erschossen, nachdem sie eine Joggerin angegriffen hatte und nicht zu beruhigen war. Markus Kurth rückt dieses Verhalten in einem Beitrag ebendieses Sammelbandes ganz vorsichtig zumindest in die Nähe tierlichen Handelns. Diese Kuh hat etwas anderes gewollt als die Menschen um sie herum und dem auch Ausdruck verliehen. Und so entsteht mit der Kuh Bavaria in einer anerkennungswütigen Welt noch einmal ganz neu die alte Erzählung der modernen Gesellschaft vom Individuum, das zum Helden wird, weil es abweicht. »Ein wuchtiger Körper setzt sich in Bewegung, sprengt die Ordnung, indem er die Schlachthofanordnung und die Maschinerie durchbricht, und drängt ins Sichtbare als ein Lebewesen, welches im Verborgenen bleiben soll.«[11] Exakt so ist auch der heldische Mann entstanden. Und genau so sind auch die anderen zu den anderen geworden? Konnten die Kühe, die nicht ausgebrochen sind, nicht handeln? Handelt nur die Kuh Bavaria? Und wer hat die anderen daran gehindert, zu handeln? Wollen wir in Zukunft allen Tierindividuen Handlungsfähigkeit zugestehen, die irgendwas Verrücktes machen? Was für eine schöne Gelegenheit, um nun noch einmal ganz aus der Nähe zu studieren, wie sich die Geschichte des heldischen weißen Mannes eigentlich entwickelt hat.

Die moderne Idee von Individualität beginnt mit der Abweichung, mit belesenen und schreibenden Körpern, mit dem Ausbruch aus ständischen Strukturen, mit sichtbaren Helden. Die in der frühen Neuzeit beginnende Außenstellung des Einzelnen in einer funktional sich differenzierenden Gesellschaft wurde mit Innerlichkeit beantwortet, und es war vermutlich nicht das Geld, nicht das Recht, nicht der Konsum, nicht die Politik, die ihm sein Selbstbewusstsein gegeben hatten, sondern der Roman. Die Einübung ins Motivehaben, die im Roman beobachtbar wird und die sich da über die Handlungen klärt, prämiert nach und nach das Neue, das Abweichende, den Helden, die Persönlichkeit, den Körper, der ins Freie drängt und sich (mit sprachlichen Mitteln) von allen anderen distanziert. Genau so wie die Kuh! Und wie bei der Kuh auch erschien dies den Beobachtern als gut, als bemerkenswert, als nachahmungswürdig, als vorbildhaft, als Zeichen für irgendetwas. Aber wofür? Dafür, dass Asymmetrien mehr Informationen enthalten, als wir wissen können, wenn wir sie reflexhaft nur als Auslösemechanismus für Anerkennungsbedürfnisse verstehen.

Noch einmal zu den Männern, die Kinder kriegen. Wenn jemand, der im Körper einer Frau lebt, entdeckt, dass er sich als Mann fühlt, kann er sich entsprechend behandeln lassen, um auch sein biologisches Geschlecht anzugleichen. Wenn dieser Mensch nun entdeckt, dass er eigentlich auch Kinder haben möchte, kann er schwanger werden, wenn er die Hormonbehandlung abbricht. Er wird nun als Mann schwanger und hat damit zu kämpfen, dass er einen Mutterpass – und keinen Vaterpass – bekommt und beim Gynäkologen neben lauter Frauen sitzt. An der Londoner Universitätsklinik wird übrigens bereits diskutiert, ob man mit hormonellen Mitteln Cis-Männern eine Bauchhöhlenschwangerschaft ermöglichen könnte.

Anmerkungen

1 Armin Nassehi: *Der soziologische Diskurs der Moderne*. Frankfurt am Main 2006, S. 373.
2 Ebd., S. 48.
3 Ebd., S. 30.
4 Jürgen Habermas: »Der normative Gehalt der Moderne«. In: ders.: *Der philosophische Diskurs der Moderne*. Frankfurt am Main 1991, S. 391.
5 George Herbert Mead: *Geist, Identität und Gesellschaft*. Frankfurt am Main [1934] 1973.
6 Jürgen Habermas: *Moralbewußtsein und kommunikatives Handeln*. Frankfurt am Main 1983, S. 157.
7 NETZ Bangladesch Textilindustrie: http://bangladesch.org/bangladesch/wirtschaft-und-armut/textilindustrie.html
8 Vgl. Peter Singer: *Leben retten. Wie sich die Armut abschaffen lässt – und warum wir es nicht tun*. Zürich/Hamburg 2010.
9 Kevin Lewis, Kurt Gray, Jens Meierhenrich: »The structure of online activism«. In: *Sociological Science* 1/2014, S. 4.
10 Sven Wirth et al. (Hg.): *Das Handeln der Tiere. Tierliche Agency im Fokus der Human-Animal Studies*. Bielefeld 2015.
11 Markus Kurth: »Ausbruch aus dem Schlachthof. Momente der Irritation in der industriellen Tierproduktion durch tierliche Agency«. In: Wirth et al. 2015, S. 193.

Hans Hütt
Ins *Herz der Finsternis*
Eine Ausgrabung im letzten Moment

Im Februar 1983 gelangte ich an einen Wendepunkt in meinem Leben. Das Studium hatte ich seit 1978 unterbrochen, abgesehen vom Besuch der Vorlesungen Klaus Heinrichs. Über Freunde meiner Eltern hörte ich von einem Projekt in Assisi. Dort hatte Pater Bernardino in der Nachbarschaft des Klosters San Damiano einen aufgelassenen Bauernhof zu neuem Leben erweckt. Unter dem Viehstall hatte er mit Freiwilligen die Reste einer romanischen Krypta ausgegraben und wiederaufgebaut. Das Projekt hieß San Masseo. Um herauszufinden, in welche Richtung mein Leben weitergehen würde, begab ich mich für drei Wochen in das klösterliche Leben, unterwarf mich den Exerzitien, erfuhr, welches Glück Fasten- und Schweigetage bewirken, bestellte den Gemüsegarten und verlegte Wasserleitungen. Als ich aus San Masseo zurückkehrte, übertrug ich die Routinen dieser Exerzitien in mein Leben in Westberlin, nahm, neben einem Job in der Staatsbibliothek, das Studium wieder auf und beendete es 18 Monate später mit einer Diplomarbeit am Otto-Suhr-Institut der Freien Universität. Behilflich war mir dabei Franz Ansprenger, der Gründer der Arbeitsstelle Südliches Afrika, einer der wenigen liberalen Köpfe am OSI, ein neugieriger Freigeist, der mich ausdrücklich dazu ermunterte, meine ziemlich spekulativen Ideen über das Verhältnis von Geschichte, Literatur und Politik zum Gegenstand einer Diplomarbeit zu machen.

War es möglich, aus Werken von Joseph Conrad, André Gide und Louis-Ferdinand Céline etwas über die Geschichte des Kolonialismus herauszufinden, das den zeithistorischen Untersuchungen des Kolonialismus neue Erkenntnisse erschließen würde? Eingedenk der klösterlichen Routinen und in dem Selbstvertrauen, dass kurze Deadlines schon damals meinen Texten guttaten, schrieb ich die Arbeit nach den Regeln der alten Diplom-Prüfungsordnung, hatte daher nach Bekanntgabe des Themas nur sechs Wochen Zeit für die Ausarbeitung. Früh passierte etwas Unerwartetes. Ich stieß in Conrads *Heart of Darkness* auf einen, wie es schien, kohärenten Subtext im Stil der Schmierenkomödie der vorletzten Jahrhundertwende. Um diesen Zufallsfund genauer zu prüfen, begann ich, meinen Englischkenntnissen zu misstrauen.

Inspirationsquelle für das Thema war der Zürcher Psychoanalytiker Fritz Morgenthaler, der zusammen mit seinen Praxiskollegen Paul Parin und Goldy Parin-Matthèy zu den Gründern der Ethnopsychoanalyse gehörte. Ich hatte Morgenthaler im Herbst 1980 kennengelernt. Seine Afrika-Begeisterung hatte mich angesteckt. Nicht nur dem leiblichen Vater am Niederrhein, sondern diesem geistigen Vater wollte ich mit der Arbeit ein Geschenk machen, im *potlatch* mir zuteilgewordener Gaben endlich mit leeren Händen dastehen.

Nur wenige Wochen, bevor ich das Diplom mit der mündlichen Prüfung abschloss (mit einem Vortrag über Hans Blumenbergs *Arbeit am Mythos*), war Morgenthaler in Addis Abeba an einem Herzinfarkt gestorben. Nur wenige Tage später hätte er im Wintersemester 1984/85 in der Ringvorlesung von Dietmar Kamper und Christoph Wulf einen Vortrag halten sollen und mich für einige Tage besucht. Mit 32-jähriger Verzögerung liefere ich das Geschenk für ihn im *Kursbuch* ab, für das Morgenthaler 1977, im *Kursbuch 49 Sinnlichkeiten*, einen für mich damals überaus wichtigen Aufsatz veröffentlicht hatte. Es gehört zu den Witzen dieser Ausgrabung, dass Thomas Schmid, damals Redakteur der Zeitschrift *Freibeuter*, das Conrad-Kapitel, das ich ihm geschickt hatte, mit einem freundlichen Brief ablehnte, weil der Wagenbach Verlag Conrad nicht sonderlich schätzte und er meinen in rasender Eile geschriebenen Text »overwritten« fand, ein Lob, für das ich mich hiermit 32 Jahre später bedanke.

Wie hat Conrad mit *Heart of Darkness* die Welt verändert? Durch eine Erzählung, die auf den Kolonialismus mit einer anderen Lesbarkeit seiner Sprache, Politik und Ökonomie einging. Eine Sekundärbibliografie[1] hatte schon 1971 in der Conrad-Forschung einen blinden Fleck ausgemacht: Conrads Humor sei auch nach Kubikmetern literaturwissenschaftlicher Arbeit unterbelichtet geblieben. So finden in den hier folgenden Abschnitten Marx' elfte Feuerbach-These und ein Verständnis von Interpretation als Praxis der Veränderung zusammen. 85 Jahre nach der ersten Veröffentlichung von *Heart of Darkness* rekonstruierte ich, wie Conrad die Erzählung semantisch so aufgeladen hatte, dass ihre Ambiguität für die Zeitgenossen nur auf der Metaebene ihres Schreckens Bedeutung gewann. Die Sprache, ihr Bedeutungsreichtum, ihre Konnotationen verleihen der Erzählung den Charakter eines epischen Traums. Conrads Zeitgenossen aber und über 100 Jahre literaturwissenschaftlicher Erforschung haben den »Gorilla im Raum« nicht wahrgenommen.

Framing

Ich begann die Arbeit mit dem Versuch, ihren analytischen Rahmen zu beschreiben. Sie nahm ihren Ausgang von einer historischen und philologischen Einordnung von Reiseliteratur, spannte einen Bogen von der Reise als literarischem Thema zu Reiseberichten als eigenem Erzählgenre, als Medien der Differenz. Als Leitmotiv hatte ich mich für ein Zitat aus den *Araucana* aus dem 16. Jahrhundert entschieden: »Eine von den Dingen, daran man die Größe der Seele des Menschen und daß sie zur Unsterblichkeit strebt, erkennt, ist, daß sie sich an einem Ort nicht zufrieden geben noch begnügen kann, sondern ihr Verlangen zur Mannigfaltigkeit zu befriedigen, die Welt durchstreift und durch die Verschiedenheit der Örter dem Eckel des Lebens auszuweichen sucht.«

Von den frühen Weltreisenden bis zu den Reisen, für die es reicht, die eigenen Augen zu schließen, ging es darum, zu erzählen, was man sieht. Mindestens ebenso interessant sind die Bilder, die ein Reisender gesehen haben könnte, ohne über sie geschrieben zu haben. Die Arbeit untersucht drei Texte: Joseph Conrads Erzählung *Heart of Darkness*, André Gides *Voyage au Congo suivi du Retour du Tchad*, über die ich im Juli 2005 nach einer Reise in die Bibliothèque national de France für die *Süddeutsche Zeitung* ein Feature schreiben sollte, und Louis-Ferdinand Célines Roman *Voyage au bout de la nuit*. Was erzählen die innere Historizität der Texte und ihre Bezüge zueinander über die Geschichte des Kolonialismus? Tragen sie dazu bei, den Blick auf die Epoche und ihr Verständnis zu verändern?

Der »Kollektivsingular Geschichte« hat seine eigene Geschichte.[2] In ihrem Verlauf wird die Grenze zwischen *res factae* und *res fictae* porös. Ihnen gemeinsam sind die Sprachlichkeit und die Entscheidung über die Schreibweisen, die sich, wie Roland Barthes schrieb, spürbarer mit der Geschichte als irgendein anderer Schnitt durch die Literatur berühren.[3]

Eine ganz andere Frage verbindet sich mit der Lesbarkeit der Texte. Fiktion und Wirklichkeit können als Mitteilungsverhältnis begriffen werden. Dieses Verhältnis ist keineswegs deterministisch. Roland Barthes erinnert an Orpheus und Eurydike: »Solange sie geradeausgeht, allerdings wissend, dass sie jemand führt, lebt, atmet, geht das Wirkliche, das hinter ihr ist und das von ihr allmählich aus dem Ungesagten gezogen wird, und bewegt sich auf die Klarheit eines Sinnes zu. Sobald sie sich jedoch umwendet zu dem, was sie liebt, bleibt nichts anderes als ein benannter, das heißt ein toter Sinn.«[4] Der literarische Text geht aus seiner Zeit hervor und wendet sich zugleich als Widerstand, als Form gewordenes Ereignis, gegen sie.[5]

Die Lesbarkeit der Texte verdankt sich ihrer Zeichenhaftigkeit, ihrer Kraft, Fragen an die Welt zu stellen, ohne jemals darauf zu antworten.[6] Die Lektüre der Texte sieht sich einer »Ontologie der Aktualität«[7] verpflichtet. Sie sucht in den Quellen nicht nach Belegen für das, was sie schon weiß, sondern lässt die Texte sagen, was sie von ihrer Zeit wissen oder nicht wissen.[8]

Übertragen auf die Historiografie geht es darum, den Kolonialismus als »Hintergrundphänomen« in den Blick zu rücken.[9] »Africa is to Europe as the picture is to Dorian Gray – a carrier onto whom the master unloads his physical and moral deformities so that he may go forward, erect and immaculate.«[10] Meine Lektüre der Texte verfolgt das Ziel, ihre Aktualität dadurch zu bestimmen, dass sie die psychischen Mechanismen, Erfahrungen, Vorstellungen und Bilder des Kolonialismus aufzuspüren versucht, die sich einer institutionellen Dekolonisierung erfolgreich widersetzen konnten und bis ins frühe 21. Jahrhundert mit erstaunlicher Zähigkeit überlebt haben.

Heart of Darkness – ein literarisches Monument

Joseph Conrads Erzählung[11] gehört seit ihrem Erscheinen 1899 in *Blackwood's Magazine* zu den meistinterpretierten Texten der Literaturgeschichte. Von Orson Welles bis zu Francis Ford Coppola gibt es eine Vielzahl von Adaptionen, die dem Schrecken dieser Erzählung nachgehen, der Ambiguität des Texts näherzukommen versuchen. Der folgende Abschnitt fasst meine Interpretation von 1984 zusammen. Behutsam redigiert, folgt er der Argumentation des wilden Lesers, der ich damals schon war, methodisch abgesichert durch meine Hausgötter Roland Barthes und Michel Foucault.

Es kann kaum als Zufall abgetan werden, dass der Text fast zeitgleich zu Sigmund Freuds *Traumdeutung* entstand. Conrad konstituiert in seiner Erzählung einen Traum von der Wirklichkeit des Kolonialismus, der sich auch noch die kleinsten scheinbar unbedeutenden Dinge einverleibt, um so als Hüter des Schlafs im Kleinen Wegbereiter des großen lesenden Aufwachens zu werden.

Die Konstruktion der Erzählung ist überaus komplex. Marlow spinnt an Bord der *Nellie*, in der Themsemündung vor Gravesend, sein Garn. Darüber berichtet ein Erzähler, der den Rahmen spannt. Der Erzähler selbst bleibt ein Schemen. Als Marlow zu erzählen beginnt, scheint allen an Bord schon klar, dass es eine jener Geschichten werden würde, die zu keinem greifbaren Ergebnis führen.

Die Ambiguität des Textes zwingt zu semiotischer Wachsamkeit. Die Sekundärliteratur reicht von einer positivistischen Rekonstruktion zahlloser biografischer Details aus Conrads Leben als Erklärungsmuster bis zu dem Versuch, aus dem Text einen Gral protestantischer Ethik zu destillieren, um den Blick vom Leichenhaufen der Erzählung abzuwenden.

Conrads Text legt selbst die Fährten zu seiner Interpretation. Deshalb verstand ich 1984 die Konstruktion der Erzählung wie eine Fallgeschichte Freuds. Der Erzähler legt sich auf die Couch meines Lesens und schenkt das so bedeutungs- und anspielungsreiche Material seiner Träume (Marlows Garn) dem Analytiker, der durch Fritz Morgenthaler[12] gewitzt auf zwei Widerstände zu achten hat: den Übertragungswiderstand im Text sowie sein Gegenbild im Leser. Conrad legt dazu die Fährte, als der Erzähler auf jenes Wort wartet »that would give me the clue to the faint uneasiness inspired by this narrative that seemed to shape itself without human lips in the heavy night-air of the river« (S. 58).

Anfangs skizziert der Erzähler die Kulisse, dann setzt Marlow nach: »And this also has been one of the dark places of the earth« (S. 29). Diese Parallelisierung zwischen dem Bild vom »dunklen Kontinent« und seine Rückprojektion auf die Hauptstadt des britischen Empires erinnert an einen Roman, den Conrad gemeinsam mit Ford Madox Ford geschrieben hat: *The Inheritors*.[13] Sie verlegten den europäischen Kolonialismus nach Grönland, aus der Hitze in die Kälte.

Als zögere er mit dem Loslegen, erinnert Marlow an eine Phase seines Lebens, als er ohne Kommando an Land herumlungerte. Schließlich gelingt es ihm, in einer Stadt auf dem Kontinent – das Stadtbild erinnert ihn an die getünchten Gräber des Matthäus –, ein neues Kommando zu ergattern. Vorher muss er sich ärztlich untersuchen lassen und erfährt von dem Arzt, der seinen Schädel vermisst, dass er als Engländer das erste Exemplar der Gattung sei, das unter seine wissenschaftlichen Augen gelange.

Die Stimme der brüderlichen Brandung

Auf dem Weg zu seinem Kommando auf dem Kongo wundert sich Marlow über die afrikanische Küste. Sie erweckt den Eindruck, »as if still in the making«. Die Onomatopoesie des letzten Ortsnamens verdankt sich Little Popo »names that seemed to belong to some sordid farce acted in front of a sinister back-cloth« (S. 40).

Mit der »sordid farce« gibt Marlow dem Text einen hermeneutischen Schlüssel. Die Stimme der brüderlichen Brandung verleiht ihm das Gefühl wirklicher Bedeutung: »The voice of the surf […] like the speech of a brother […] something natural […] that had its meaning« (S. 40). Hatte der Erzähler zuvor schon das Genre angedeutet, das seinem Bericht als Format dient (»sordid farce«), gibt die Stimme der brüderlichen Brandung einen Hinweis auf den Subtext, vielleicht auch eine historische Präzisierung des Genres, das die Erzählung in Bewegung setzt.

Natürlich hatten die Leser keinen Zweifel daran, dass das Wort »surf« die berüchtigte Brandung vor der afrikanischen Steilküste bezeichnet. In dieser Brandung geht der französische Dampfer gelegentlich vor Anker, um Soldaten und Zollbeamte anzulanden. Manche von ihnen werden von der Brandung verschlungen. Die Passage endet mit den Worten »and on we went« (S. 40). Marlow stimmt damit den Ton eines lautmalerischen Hüpfens an, das der Farce der Erzählung ihren überraschenden Ort zuweist. Es ist das Vaudeville-Theater der Schmierenkomödie, das in der Zeit der Entstehung der Erzählung besonders auf dem amerikanischen Kontinent sehr beliebt war. In der Sprache ihrer Dramaturgie ist »surf« der Schmarotzer, der Kriecher, der Schauspieler, der seiner Rolle gelegentlich untreu wird. Der Doppelsinn ist damit gesetzt. Coppola hat in *Apocalypse Now* die Brandung kongenial in Szene gesetzt und ein Gespür für die Farce gezeigt.

Marlows naturphilosophisches Gefühl, in der Brandung einer Welt eigener Bedeutung Stimme zu verleihen, wird erneut durch ein französisches Schlachtschiff gereizt, das die afrikanische Küste unter Feuer nimmt, ohne dass dort ein Ziel zu erkennen wäre. Später, als man Conrad vorwarf, ein französisches Kriegsschiff genannt zu haben, um so indirekt für die Briten Partei zu ergreifen, gibt er ein wunderbares Beispiel dafür, wie er Fakt und Fiktion ineinanderblendet. Er sagte, es habe sich während des Dahomey-Krieges um das französische Schlachtschiff *Seigneley* gehandelt. Wenn wir allerdings dieses Wort mit polnisch-englischem Akzent lautmalerisch aussprechen, ertönt im Namen des Schiffs das höhnische Echo von »saignez-les!«, blutet sie aus.[14]

Hohlspiegel Marlow

An Land, in der Hauptniederlassung seiner Handelsgesellschaft angekommen, begegnet Marlow einem Trupp abgemagerter Kettensträflinge »they were called criminals« (S. 43), hinter denen »behind this raw matter« ihr Bewacher, kaum dass er aus der Ferne einen Weißen wahrnimmt, Haltung annimmt, sehen die aus der Ferne doch alle gleich aus – inverser Hohn auf die rassistische Wahrnehmung der Schwarzen durch die Europäer.

Im »raw matter« des geschundenen Menschenmaterials erkennt der Kolonialhistoriker das höhnische Echo auf die »raw materials«, die Afrika auch 120 Jahre später immer noch so interessant machen. Dass Justitias Blindheit darauf verweist, dass sie nicht aus Freiheit geboren war,[15] illustriert Marlow bei der Fahrt ins Innere auf dem Kongo. Die angeheuerte Schiffsmannschaft wird mit Messingdraht bezahlt, für den sie sich nichts kaufen kann, obschon sie vertraglich zur Selbstverpflegung verpflichtet war. Marlow stellt sie als Kannibalen vor und illustriert damit ihre erstaunliche Selbstbeherrschung gegenüber den Europäern, die wirklich nicht zum Anbeißen aussehen, wenngleich er sich selbst zutraut, ein schmackhaftes Opfer abzugeben.

»I saw a face near my hand [...] a kind of blind white flicker in the depths of the orbs (debts of the orbs? H. H.) which died out slowly. [...] He had tied a bit of white worsted round his neck – Why? Where did he get it? Was it a badge – an ornament – a charm a propitiatory act?« (S. 45). Mit diesem sterbenden jungen Mann und den zuvor geschilderten Kettensträflingen, jenen »being in chains« gelangt Marlow zu einer Repräsentation kolonialer Ökonomie und Politik in der »chain of being«, die sich in dem weißen überwältigenden (to worst!) Kammgarnfaden offenbart. Christliche Mission, sozialdarwinistischer Entwicklungswahn und das magische Handelsdreieck Europa, Afrika und Amerika haben in diesem Zeichen Zwecke gesetzt und Fakten geschaffen. Sah Livingstone, der edle Missionar, noch die Notwendigkeit einer Verbindung von Zivilisierung und Ausbeutung (»Wir müssen die Afrikaner nötigen, für unsere Märkte zu arbeiten; das ist nächst dem Evangelium das beste Mittel, sie zu heben«[16]), so ist in diesem weißen Baumwollfaden nur das *factum brutum* selbst übrig geblieben.

Wunder über Wunder

Marlow wendet sich ab vom Schrecken und stößt auf den Chefbuchhalter der Handelsgesellschaft. »I saw a high starched collar, white cuffs, a light alpaca jacket, snowing trousers, a clear necktie, and varnished boots. No hat. Hair parted, brushed, oiled, under a green-lined parasol in a big white hand. He was amazing and had a penholder behind his ear. – I shook hands with this miracle« (S. 45).

Conrad war Pole und schrieb ein sehr kompliziertes Englisch. Das legt die Vermutung nahe, dass er im Unterschied zu einem englischen Autor, der sich seiner Muttersprache sicher zu sein glaubt, mit einem großen Wörterbuch gearbeitet hat. Lexika schaffen Nachbarschaften, die einem Autor, der nicht in seiner Muttersprache schreibt, zu lautmalerischen Neologismen reizen. Zwei Einträge unter »miracle« findet sich das Wort »mire« (Schlamm, Kot).

Der Leser muss sich daran erinnern, dass Marlow spricht, wenngleich sein Text ein geschriebener ist. Das Wort »miracle« erinnert in einer schmierenkomödiantischen Aussprache auch an den *rakehell*:

einen liederlichen Kerl, einen Wüstling und Teufelsbraten. So entsteht ein lautmalerisches Echo (wir befinden uns immer noch in der *faint uneasiness* erzählten Traummaterials), als Gegenbild zum blütenweißen Chefbuchhalter: ein besudelter Satansbraten.

Damit nicht genug, konsultierte ich 1984 auch polnische Wörterbücher. »Mir« heißt Ansehen, Nimbus; »miraz« Luftspiegelung, Täuschung, Wahn; »rak« Krebs; »racja« Recht, Grund, Daseinsberechtigung; »racica« Klaue, gespaltener Huf; »rachowac« rechnen, zählen. Das französische Lexikon verweist zudem auf den *cour des miracles*, die Pariser Freistätte der Gauner und Bettler.

Nun behaupte ich mit diesen Konnotationen nicht, dass Conrad das alles bewusst in Szene gesetzt hat. Dennoch geht die gesamte dreisprachige Bedeutungsmenge der Zeichen und ihres Klangs in das Sinn-Tableau dieser Szene ein: das Rechnen und Zählen des Buchhalters, der Schmutz und Plunder seiner Handelsware, das Wahnhafte des *miracles* wie der Nimbus des Chefbuchhalters, der dabei ist, in seinem *cour des miracles* nach Luft zu schnappen. Der Federhalter, den er hinter dem Ohr trägt, vollendet das Bild des Satansbratens. Er wirkt wie eine Replik der Hahnenfeder, wie die Andeutung eines kupierten Teufelshörnchens. The miracle, das Wunder, wird zu einem Menetekel des Textes: ganz »Laut« und zugleich nur »Zeichen« der Schrift, führt seine Position im Text zu einem Indizienbeweis, der die Bedeutung der Szene in einem scheinbar so unbedeutenden Wort zusammenbringt.

Das Tröpfeln eines Stoßzahns

Das Geschäftsmodell der Handelsstation verwundert Marlow. Für einen Haufen Kram, der in den Busch geschickt wird, kam nur »a precious trickle of ivory« (S. 46) zurück. Was für ein erstaunliches Missverhältnis! Die Nebenbedeutung von *precious* im Slang ist verwünscht, verflucht. *Trickle* ist ein Tröpfeln, steht aber lexikalisch gleich hinter *trickery* (Gaunerei). Erneut spielt der Text verrückt. Er wird ja nach wie vor gesprochen (von Marlow an Bord der *Nellie* in der Themsemündung vor Gravesend), wurde aber von dem Polen Józef Teodor Nałęcz Konrad Korzeniowski geschrieben. Abgründe der Willkür tun sich auf. Es bleibt dahingestellt, ob sich der Satz auf meine Interpretation oder auf den Bedeutungsreichtum von Conrads Text bezieht.

Wir springen ein Stück weiter. »These men strolling aimlessly about […] I asked myself sometimes what it all meant. They wandered here and there with their absurd long staves in their hands, like a lot of faithless pilgrims bewitched inside a rotten fence. […] The word ivory rang in the air, was whispered, was sighed. You would think they were praying to it. […] A taint of imbecile rapacity blew through it all, like a whiff from some corpse« (S. 52).

»Fence« ist im Slang der Schmierenkomödie der Diebeshehler und »strolling« bezeichnet den Schmierenkomödianten. Erneut erzählt Marlow »a little ivory coming out from there« (S. 57). Und nun prüfte ich im August 1984 auch dieses Wort nach, das beim Leser ähnlich eindeutig gesetzt scheint wie zuvor das Wort »surf«. »Ivory«, das ist doch der Stoßzahn eines Elefanten! Im Slang der Schmierenkomödie steht es für Freikarte. Unter dieser Konnotation findet eine Lawine kolonialen Bildguts und politökonomischer Herrschaftsdiskurse zusammen. Das *ivory* der tröpfelnden Freikarte beraubt sie der imperialen Größe von Freibriefen und Schutzverträgen, dekuvriert sie als schmierige Schutzbehauptung.

Do you see anything?

Immer wieder appelliert Marlow an seine Zuhörer an Bord der *Nellie:* »Do you see the story? Do you see anything?« Was für ein Hohn erklingt in diesen Fragen! Wir kehren zurück zum Sound des Erzählers am Anfang der Erzählung: »on the watch […] for the word, that would give me the clue to the faint uneasiness inspired by this narrative that seemed to shape itself without human lips in the heavy night-air of the river« (S. 58).

Tatsächlich formt sich dieser Text nicht durch menschliche Lippen, und wenn, dann nur im Klang von Conrads Spott, in der Polyvalenz der Zeichen und ihres Klangs. Die Erzählung hat ihre Leser mit Blindheit geschlagen, ohne ihre Ohren zu öffnen. Der Erzähler hat sein grimmiges Lachen über die Blindheit seiner Zeitgenossen für sich behalten. Die Brutalität, mit der sich die spätviktorianische Gesellschaft ihrer Dissidenten entledigte, war ihm Schrecken genug.

Es muss einer vergleichenden Analyse der zeitgenössischen Kolonialismuskritik vorbehalten bleiben, um die Einzigartigkeit von Conrads Kritik in dieser Erzählung zu bestimmen, obschon manche Indizien für ihre Singularität sprechen. Denn für »guten Kolonialismus« waren damals selbst die meisten Kritiker, während eine solche Haltung Conrads Text nicht zu entnehmen ist. Die Vielzahl von Repräsentationen europäischer Politik und ihrer Rhetorik, die ausdrücklich oder implizit als höhnisches Echo im Text auftauchen, erlaubt diesen Schluss ebenso wie die Karikatur kolonialer Funktionsträger in dem Ikonoklasmus Handelsagent, Pilger, Hehler, Schmierenkomödiant. Die Soziologie des deklassierten Paupers (Marlow wie Kurtz) erzählt von einer Verwilderung.

Marlow ist besessen von der Idee der Sichtbarkeit. Ständig fragt er seine Zuhörer an Bord der *Nellie:* »Do you see anything?« Die Frage hat auch den Autor Conrad beschäftigt. In einem Brief an seinen Lektor schrieb er: »The more I write the less substance do I see in my work. The scales are falling of my eyes. It is tolerably awful. And I face it. I face it but the fright is growing on me. My fortitude is shaken by the view of the monster. It does not move; its eyes are baleful; it is as still as death itself – and it will devour me. Its stare has eaten into my soul already deep, deep – I am alone with it in a chasm with perpendicular sides of black basalt.«[17]

Dieser Schrecken des Autors führt uns zurück zu Marlow und seinem Beruf. Sie führt vom Sehen zum Erblicktwerden. Marlow wird als »wanderer« und »seaman« vorgestellt (S. 29). Wie hat Conrad das ausgesprochen? Die weichen Konsonanten werden im polnischen Sound hart. Zugegeben: Die Interpretation ist voller Willkür. Aber im »want and error of the see[ing]« erklingen lautsprachlich der Irrtum und der Mangel, wird die Sehnsucht nach dem Sehen so hörbar wie als Echo der Schrecken darüber, was da zu sehen ist.

Die Dialektik zwischen dem Sehen des Seh-Manns und dem Erblicktwerden führt zu einer Bemerkung Jean-Paul Sartres über das Verhältnis zwischen Europäern und Afrikanern. »Der Weiße hat dreitausend Jahre lang das Vorrecht genossen, zu sehen, ohne selbst gesehen zu werden: er war reiner Blick.«[18]

In *Das Sein und das Nichts* schrieb Sartre: »In jedem Blick findet die Erscheinung eines Objekt-Anderen als konkrete und wahrscheinliche Anwesenheit in meinem Erfahrungsfeld statt, und gelegentlich gewisser Haltungen bestimme ich mich selbst als einen, der vor Scham, Angst usw. ergriffen werden muss, bestimme ich mein Erblicktwerden.«[19]

Irrtum und Mangel des Sehens führen in zwei weitere Richtungen. In der einen gelangt man zu Arthur Rimbauds *Denn ich ist ein anderer*.[20] Rimbauds berühmtes Zitat bezeugt die erzählerische Philosophie Joseph Conrads, zeigt ihn auf der Höhe des intellektuellen Denkens seiner Zeit.

Und so gelangt schließlich auch die zweite Richtung des Lesens zu ihrem Recht: die ungeheuerliche Parallele, die Conrads Text zu Freuds *Traumdeutung* besitzt. Die Traumregisseure seines Texts, die narrative Konstruktion zwischen dem namenlosen Erzähler und der Stimme Marlows, weisen ständig selbst auf die möglichen Bedeutungen eines Bildes oder Wortes hin. Was im Traum die Traumregisseure an Kulissenmaterial, Verwechslungen und Äquivalenzen inszenieren, findet seine Entsprechung im Spiel zwischen geschriebenem und gesprochenem Wort, zu den Polyvalenzen und Konnotationen, zu den Interferenzen zwischen dem englischen Text und mitschwingenden Bedeutungen aus französischen und polnischen Echokammern.

Conrads Erzählung führt uns schließlich zu einem Zentralgedanken Theodor W. Adornos und Max Horkheimers in der *Dialektik der*

Aufklärung: »Der Vorstellungskreis, dem die von den mythischen Figuren unabänderlich vollstreckten Schicksalssprüche angehören, kennt noch nicht den Unterschied vom Wort und Gegenstand. […] Die List jedoch besteht darin, den Unterschied auszunutzen. Man klammert sich an das Wort, um die Sache zu ändern. So entspringt das Bewusstsein der Intention: in seiner Not wird Odysseus des Dualismus inne, indem er erfährt, dass das identische Wort Verschiedenes zu bedeuten vermag.«[21] Aus *Blackwood's Magazine* No. 1000 erklingt der Sirenengesang des 19. Jahrhunderts. An den vorgeblichen Sinn des geschriebenen Wortes gefesselt wie Odysseus an den Mast seines Schiffes können wir als Leser den Text sirenengleich ertönen lassen, um ihm erst zu erliegen und ihn so endlich zu verstehen. Aus der Krise des Zeichens wächst die Lesbarkeit für Zeichen der Krise.

Coda

Gutachter der Arbeit waren Franz Ansprenger und Helmut König. Sie benoteten die Arbeit mit einer Eins, Ansprenger plus, König minus, weil ich bei Céline nicht mehr so intensiv, wie sein Roman es verdient hätte, vorgegangen war. Mir hatte dann doch die Zeit nicht mehr gereicht.

Die Ergebnisse der Arbeit stellte ich im Frühsommer 1985 in Klaus Heinrichs Doktorandenkolloquium vor. Erst kurz zuvor hatte in diesem Kolloquium Sigrun Anselm ihre Habilitationsarbeit zu Conrads Erzählung vorgestellt. Es gab schließlich Gutachten von Eberhard Lämmert, János Riesz und Franz Ansprenger mit dem Ziel, die Funde zum Gegenstand einer interdisziplinären Dissertation zu machen. Die Stipendienkommission der FU fand den Autor für eine Förderung zu alt und lehnte trotz so prominenter Gutachter den Antrag ab. Die Wissenschaftswelt Westberlins hatte sich unter dem neuen Wissenschaftssenator Peter Glotz geändert. Es wehte ein neuer Wind. Glotz' Befund, die Universitäten seien im Kern verrottet, traf zu. Es gehört zu den Treppenwitzen meiner Biografie, dass ich gar keine akademische Laufbahn anstrebte, sondern tatsächlich nur diese Studie zum Abschluss bringen wollte.

Wie sehr diese Spur auch eine intellektuelle Genealogie besitzt, fand ich erst 20 Jahre nach dem Tod meines Vaters heraus. Er hatte bei Karl Barth in Bonn Theologie studiert. Im Nachlass meines Vaters fand ich in einem Fotoalbum ein Bild von Karl Barth mit der Information, dass das Bild am 10. Februar 1935 aufgenommen worden war.

Ich fand heraus, dass Barth sich an diesem Tag im Rahmen einer Bibelstunde in Bad Godesberg von seinen Bonner Studenten verabschiedet hatte.[22] Zuvor war gerichtlich der Entzug seiner Lehrerlaubnis bestätigt worden. Barth hatte den »Treueeid auf den Führer« verweigert. Seine Bibelstunde in Godesberg beendete er mit einem Geständnis: »Sie haben bei mir in der Hauptsache Dogmatik gehört. Dogmatik ist eine hohe und steile Kunst. Ich will nicht leugnen, dass ich sie auch menschlich mit einer gewissen Lust und Liebe treibe. Und ich habe es wohl gemerkt, dass diese Sache auch viele von Ihnen begeistert hat. Wenn es nun damit zu Ende ist für den Augenblick, so fassen Sie das auf als einen Pfiff, den Sie bekommen haben, das Studium vorläufig an einem anderen Eck neu zu beginnen. Nehmen Sie jetzt also meinen letzten Rat: Exegese, Exegese, und noch einmal Exegese!«[23]

Meinem Vater, damals 21 Jahre alt, wurde das zum Leitspruch seines Lebens als reformierter Pfarrer der Bekennenden Kirche. Für jede Predigt übersetzte er die zugrunde gelegten Bibeltexte immer wieder von Neuem. Er setzte nicht auf Überlieferung und Tradition, sondern auf rigorose philologische Hermeneutik mit dem Ziel, die Augen zu öffnen für das verborgene Offenbare.

Selten wurde mir das so klar, wie sehr auch meine Arbeit schließlich in dieser Tradition steht. Karl Barths Pfiff hatte 49 Jahre später auch mich erreicht. Rigoros zu interpretieren heißt, die Welt zu verändern.

Anmerkungen

1 Joseph Conrad: *An Annotated Bibliography of Writings about Him.* Hrsg. von Bruce E. Teets und Helmut Gerber. Illinois 1971.

2 Reinhart Koselleck: *Vergangene Zukunft.* Frankfurt am Main 1984, S. 50.

3 Roland Barthes: *Am Nullpunkt der Literatur.* Frankfurt am Main 1982, S. 24.

4 Roland Barthes: *Literatur oder Geschichte.* Frankfurt am Main 1981, S. 111.

5 Ebd., S. 13

6 Ebd., S. 35.

7 Michel Foucault: »Was ist Aufklärung?« In: *tageszeitung* vom 01.07.1984.

8 Lothar Baier: »Die Vernunft ist der Wahnsinn. Zum Tod des Philosophen Michel Foucault«. In: *Zeit* vom 06.07.1984, S. 30.

9 János Riesz: »Zehn Thesen zum Verhältnis von Kolonialismus und Literatur«. In: János Riesz, W. Bader (Hrsg.): *Literatur und Kolonialismus I.* Frankfurt am Main 1983, S. 9–26.

10 Chinua Achebe: »An Image of Africa«. In: *Massachusetts Review*, Winter 1977, S. 782–794.

11 Joseph Conrad: *Heart of Darkness.* Harmondsworth 1984.

12 Fritz Morgenthaler: *Technik. Zur Dialektik der psychoanalytischen Praxis.* Frankfurt am Main 1978.

13 Joseph Conrad, Ford Madox Ford: *The Inheritors.* London, New York 1901.

14 Jacques Darras: *Joseph Conrad and the West. Signs of Empire.* London 1982, S. 5.

15 Max Horkheimer, Theodor W. Adorno: *Dialektik der Aufklärung.* Amsterdam 1968.

16 David Livingstone, zitiert in: Friedrich Moritz Gehre: *Über die europäische Kolonisation in der südlichen Hälfte des tropischen Afrika.* Dissertation Leipzig 1877.

17 Joseph Conrad: *Letters to Edward Garnett.* London 1899.

18 Jean-Paul Sartre: *Schwarzer Orpheus.* Hamburg 1962.

19 Jean-Paul Sartre: *Das Sein und das Nichts.* Hamburg 1962, S. 371 f.

20 Arthur Rimbaud: »Brief an Paul Demeny vom 15. Mai 1871«. In: *Lettres du voyant* (13 et 15 mai 1871), éditées et commentées par Gérald Schaeffer. *La Voyance avant Rimbaud par Marc Eigeldinger.* Genf, Paris 1975.

21 Horkheimer, Adorno 1968, S. 77.

22 Karl Barth, Charlotte von Kirchbaum: *Briefwechsel 1925–1935.* Zürich 2008.

23 http://sola-scriptura.ch/barths-pfiff-zur-exegese/

Franz Stadler

Ich und Ihr

Geschichte eines Rückzuges, dem wahren Leben nacherzählt

»Das ist das Ende! Fertig! Denen ist eh egal, was mit mir passiert. Keiner wird mir nachweinen. Schad ist es nicht um den, werden sie denken. Dieser Verbrecher! Für mich gibt es jetzt nichts mehr zu tun. Fernsehen? Auf der Couch rumliegen? Im Wald Holz hacken? Mich mit dem Vater anöden? Oder der dummen Resi? Im Gefängnis sitzen? Nein, nein – da ist es schon besser so. Aus und vorbei.« Nun war es nicht mehr weit. Von der kleinen Anhöhe aus, die er gerade erklimmen wollte, konnte man einen beschaulichen und freundlichen Blick ins Tal werfen. Sofern man wollte und in Stimmung dazu war. Sein Heimatort lag dort im milden Herbstlicht. Es waren nur ein Haufen ärmlicher Häuser – aber es war seine Welt. Hier hatte er einen Großteil seines bisherigen Lebens verbracht. Hier war er aufgewachsen, zur Schule gegangen. Hier war er zum »irren Bomber« geworden, wie ihn die Presse nannte. Hier würde er sterben.

Niemand war in seinem Dorf zu sehen. Nach der Großaktion am Vormittag im wenige Kilometer entfernten Gemeindesitz waren die Straßen und Wege wie leer gefegt. Die meisten waren wieder zur Arbeit gegangen oder machten ihre Wochenendeinkäufe. Wäre er ihre Namen einzeln durchgegangen – er hätte von den meisten sagen können, wo sie sich wahrscheinlich gerade aufhielten. Hier kannte jeder jeden. Er glaubte es zumindest.

H. war mit seinen zweiundzwanzig Jahren das Musterexemplar eines einfachen Dorfbewohners. Kräftig, ein wenig hager, aber sonst gut gebaut, eins fünfundachtzig groß, schwarze Haare, dunkle, tiefe Augen. Eigentlich ein Kerl wie aus dem Bilderbuch für bajuwarische Ureinwohner – stark und unerschütterlich. Sollte man meinen. Warum hatte der junge Bursche nur noch wenige Minuten zu leben? Der idyllisch gelegene Weiler mochte Sicherheit und Geborgenheit ausstrahlen, ganz anders als die Großstadt. Und doch brodelte in beiden das gleiche gierige Leben, geschahen die gleichen ungeheuerlichen Dinge, vollzog sich das gleiche unverständliche Werden und Vergehen.

Er war körperlich fit. Aber der zwei Kilometer lange Anstieg hatte ihn angestrengt. Er atmete schwer, als er sein Ziel, eine Wiese kurz unter dem Grat der Anhöhe, erreichte. In der linken Hand hielt er sein Feuerzeug. Vor seinem Bauch hing eine mit Schwarzpulver gefüllte Gaskartusche, festgeschnallt mit dem schwarzen Ledergürtel, den er von Tante Resi bekommen hatte. Beim Gehen hatte ihn die Tragekonstruktion behindert. Er ärgerte sich, weil ihm keine bessere Lösung eingefallen war. Eigentlich war ihm seit einem halben Jahr klar, dass es so kommen würde. Den Platz, an dem alles enden sollte, hatte er sich schon lange ausgesucht. Warum hatte er nicht daran gedacht, wie sehr die Kartusche beim Bergangehen stören würde? Mit einem kräftigen Ruck drehte er sie nach rechts, wie einen Riesenrevolver, und setzte sich auf die feuchte, kalte Wiese – das Gesicht dem Tal, seinem Dorf zugewandt. Er legte die Arme um die Knie und wartete, dass sich sein Puls beruhigte.

Er hatte schon immer gerne in seinen Körper hineingehorcht. Früher, als er noch allein die Wälder durchstreift hatte, war er manchmal unvermittelt, einem inneren Trieb folgend stehen geblieben und hatte gelauscht. Zuerst auf die Stimmen der Vögel, das Rauschen der Blätter oder des Windes. Aber schließlich hatte er nur noch auf seinen Herzschlag, sein Blut, seinen Magen gehört. Minutenlang blieb er wie angewurzelt auf der Stelle stehen. In dem Zustand hätte ihn ein Auto anhupen können, er hätte nichts gemerkt. Aber im Wald gab es ja keine Autos. So war er ein Meister im In-sich-Hineinhorchen geworden.

Inzwischen ging er nur noch in den Wald, wenn er etwas zu erledigen hatte, Holz machen und so. Dafür saß er immer mehr vor dem Fernseher. Er hatte begriffen, dass er auch bei laufendem Fernsehprogramm allein seinem Körper zuhören konnte. Er hätte am Abend nicht sagen können, was für ein Programm den Tag über gelaufen war – so angestrengt und konzentriert horchte er in sich hinein und fühlte seinem Leben nach. Und antworten hätte er sowieso nur müssen, falls ihn jemand gefragt hätte. Aber niemand fragte ihn nach dem Fernsehen.

Als er noch in den Wald gegangen war, hatte der Vater oder die Tante schon mal wissen wollen, wo er denn gewesen sei oder ob er jemanden getroffen habe. Und er musste irgendwie antworten, musste sich eine Geschichte ausdenken, die das Fragen beendete. Nicht dass er lügen musste, quälte ihn, er redete einfach nicht gern in Gegenwart des Vaters. Schweigend lebten sie nebeneinanderher. Fernsehen war in Ordnung für einen Arbeitslosen. Da musste man nichts erklären. Also schaute er auf die Mattscheibe, horchte in sich hinein und versuchte, nicht an seine Mutter zu denken.

Auch wegen des Fernsehens steckte er jetzt in dieser ausweglosen Situation. Er hatte schon immer gerne gebastelt, kleine Holzfiguren geschnitzt, kaputte Geräte repariert, in aller Stille und mit voller Konzentration. Und dann war da dieser Film über einen österreichischen Briefbomber. So im Sommer vor zwei, drei Jahren. Der Film hatte ihn mächtig aufgewühlt. Er wollte gar nicht in sich hineinhorchen. Der Film wurde zuerst im österreichischen Fernsehen, danach in arte und dann im ZDF ausgestrahlt. Dem dritten Sendetermin hatte er regelrecht entgegengefiebert. Er zeichnete ihn auf Video auf. So etwas machte er sonst nie, aber er wollte die Möglichkeit haben, sich in die Details zu vertiefen. Deshalb hatte er die Anleitung des Videorekorders durchgearbeitet, den seit dem Tod seiner Mutter keiner mehr benutzte.

Er hatte beschlossen, Bomben zu basteln – wie der Mann im Film. Das war sein Ausweg. Dass der Film innerhalb von ein paar Wochen gleich dreimal lief, war ihm damals als Zeichen erschienen, als Aufruf, direkt an ihn gerichtet. Nicht nur dass er die Einsamkeit des Briefbombers verstehen und wirklich nachempfinden konnte, er war auch mächtig beeindruckt von seiner Gesamtleistung, dem großen Plan.

Frank Fuchs oder Martin Fechter, wie er im Film hieß, war ein Einzelgänger, ein Außenseiter wie er. Man hatte ihn nicht beachtet. Man wollte ihn nicht mittun lassen. Er aber hatte sich fast vier Jahre lang allein gegen die anderen und die Staatsmacht behauptet und viel Staub aufgewirbelt mit seiner Bombenserie. Die Leute versuchten nach den Anschlägen plausible Begründungen zu finden, Tatmotive zu verstehen. Sie suchten fieberhaft Schuldige, glaubten an politische Hintergründe, ja an ganze Terrorgruppen, die sich verschworen hätten, den Staat zu Fall zu bringen. Dass eine nachvollziehbare Erklärung fehlte, machte sie nervös. Und bei seiner Verhaftung stellte sich heraus, dass »nur« ein Einzeltäter hinter den Taten gesteckt hatte, der ziemlich unbeachtet vor sich hingelebt hatte! Seine Bilanz konnte sich sehen lassen: vier Tote und fünfzehn Verletzte, darunter der Wiener Oberbürgermeister. In den Behörden hatte damals regelrecht Panik geherrscht. Jeder konnte das nächste Opfer sein. Trotz des großen Aufwandes blieb die Fahndung lange erfolglos. Nur durch einen Zufall kam es überhaupt zur Verhaftung von Fuchs.

Allein gegen alle – das gefiel H. Ihn beeindruckte der Briefbomber aber auch durch seinen Abgang und die letzte Konsequenz des Selbstmordes. Noch in der Zelle hatte er sich erhängt, und das, obwohl er sich bereits bei seiner Verhaftung beide Hände weggesprengt hatte. Ein grandioser Ausweg tat sich da auf!

Auch er war allein, ohne Freunde. Keiner traute ihm was zu. Im Dorf hielt ihn jeder für einen harmlosen Faulpelz. Und vom Leiter des Pflegeheims, in dem er seinen Zivildienst abgeleistet hatte, war er schroff abgewiesen worden. »Der Staat hat kein Geld! Ich kann dich nicht bezahlen. Geh' heim! Wir haben keine Stelle für dich«, hatte der im Vorübergehen zu ihm gesagt. Dabei hatte H. seinen ganzen Mut zusammengenommen, ihn abgepasst, angesprochen und gefragt, ob er über den Zivildienst hinaus weiter in der Pflege arbeiten dürfe.

Er liebte diese Arbeit. Mit den Alten konnte er völlig ungezwungen reden. Sie hörten zwar nicht immer zu, aber sie waren so dankbar – dankbar für die Zuwendung. Selbst wenn er seine Arbeit schweigend verrichtete, schienen sie ihn zu verstehen. Oft haben sie gelächelt. Manchmal erzählten sie aus ihrem Leben, gaben Geschichten zum Besten, über die er lachen musste oder die er staunend, mit offenem Mund vernahm. Er erfuhr Dinge, die ihm sonst niemand erzählt hätte. Zum ersten Mal fühlte er sich ins Vertrauen gezogen und akzeptiert.

Selbst mit den Kollegen war er zurechtgekommen. Nicht dass er viel mit ihnen geredet hätte. Aber sie hatten ihn – wie die Alten – so genommen, wie er nun mal war, vom Land, einfach, eher schweigsam. Niemand hatte sich an seiner etwas ärmlichen Kleidung, an seinen fehlenden Manieren gestört. Er hatte seinen weißen Pflegerkittel bekommen und er hatte sich wirklich bemüht. Sobald er den Kittel angezogen hatte, war er wie verwandelt. Er setzte ein Lächeln auf und freute sich auf die Arbeit. Nie in seinem Leben hatte er sich mehr angestrengt, alles so zu machen, wie man es ihm gezeigt hatte. Er hatte wirklich geglaubt, dass er es schaffen würde, dort zu bleiben.

Die Betreuten waren mit ihm zufrieden und die Kollegen auch. Nur das Geld fehlte. Es gab keine Stelle. Und da hörte die Freundlichkeit auf. Er musste seinen Kittel abgeben und keiner hatte mehr Zeit für ihn. Bei seinen zwei, drei Besuchen danach schien er nur noch zu stören. Man machte ihm keine Hoffnung. Er wurde lästig mit seinem traurigen Blick. Und er war längst ersetzt worden. Neue Pfleger, wahrscheinlich wieder Zivildienstleistende, liefen durch die Gänge. Sagten sie etwas zu ihm, dann höchstens: »Besuchszeit ist jetzt aber nicht!« Dabei war er doch gerade jetzt gekommen, um seine Hilfe anzubieten. Aber man brauchte ihn nicht. Aus und vorbei.

Später wurde ihm klar, dass diese Zeit den endgültigen Wendepunkt brachte. Selbst jetzt kurz vor Ende seiner Geschichte, im feuchtkalten Gras über den Häusern seiner Heimat, war er sich in diesem Punkt sicher. H. war kein großer Denker. Überlegungen wie »Was wäre, wenn …?« lagen ihm nicht. Aber dieses Zurückgewiesenwerden damals im Pflegeheim war eine klare und zugleich seine letzte Niederlage, der endgültige Beweis, dass er nicht dazugehörte. Er musste wieder zurück in sein kleines Dorf, zum Vater und der Tante, vor den Fernseher, in die Einsamkeit.

Der Vater arbeitete, aß, trank und schlief – immer in der gleichen Reihenfolge. Nur sonntags trank und schlief er vielleicht etwas mehr als sonst. Wenn er mal etwas fragte oder bat, wurde es rundum abgelehnt. Er war außerhalb des gewöhnlichen Tagesablaufes seines Vaters und deshalb lästig. H. hatte schließlich aufgehört, mit seinem Vater zu reden oder ihn irgendetwas zu fragen. Er hatte es oft genug erfahren müssen, wie er war. Er hatte seine Lektion gelernt. Jedes Wort war zu viel.

Nach der Hauptschule, die ihn immer gelangweilt hatte und die er nur mittelmäßig abgeschlossen hatte, lehnte der Vater seinen Wunsch nach einer Ausbildung ab. »Was brauchst du eine Lehre? Ich hab auch keine gemacht. Du musst nur was arbeiten, dann verdienst du schon was.« Aber seine zwei, drei Versuche, einen Gelegenheits- oder Hilfsarbeiterjob in der Umgebung zu finden, scheiterten – auch weil er nicht motorisiert war. Sein Vater hatte sich geweigert, ihm den Führerschein zu bezahlen. »Musst du dir selbst verdienen«, war sein einziger Kommentar. Deshalb hätte er zur Arbeitssuche nicht einmal groß herumfahren können, selbst wenn er gewollt hätte. Er war an sein Dorf, seine schrecklich kleine Welt gefesselt. Und er war nun mal keiner, der andere Leute gern um Hilfe bat. Genauso war es ihm mit dem Pflegeheim gegangen. Er hatte gehofft, sein Vater würde ein gutes Wort für ihn beim Heimleiter einlegen, den er vom Stammtisch her kennen musste. »Die zahlen doch eh nix. Was willst denn dort? Alten Leuten den Arsch auswischen?« Damit war die Sache für seinen Vater erledigt.

Tante Resi, die nach dem Tod seiner Mutter ins elterliche Haus eingezogen war und den Haushalt führte, war immer einer Meinung mit dem Vater. »Er bringt das Geld heim und schafft an, er ist der Mann im Haus«, war ihr Lieblingsspruch. H. schien es manchmal, als habe sie Angst vor dem Vater – wie früher seine Mutter. Im Grunde war die Tante für ihn nicht vorhanden. Er hatte sich von Anfang an geweigert, sie als Nachfolgerin seiner Mutter zu akzeptieren.

Von seiner Mutter hatte er nur noch undeutliche Vorstellungen, aber er verehrte sie. Und er bedauerte ihren Tod. Er trauerte – fast vierzehn

Jahre später – immer noch um sie. Wenn er je eine Chance gehabt hätte, dann durch sie. Da war er sich sicher. Er vermisste sie. Doch meist blockte er die traurigen Gedanken ab, zum Beispiel durch angestrengtes Verfolgen seines Herzschlages.

Aber heute, hier, auf der Wiese sitzend, kurz vor seinem Tod, erlaubte er sich, über sie nachzudenken, ihr nachzufühlen. Wie immer übermannte ihn tiefe Trauer. Er ließ seinen Kopf zwischen die von den Armen umfassten Knie sinken. Hier im Dunkeln sah niemand sein Gesicht. Er weinte. Nach ein paar Sekunden riss er sich zusammen, wischte die Tränen am Jackenärmel ab und zwang sich zur Ruhe. Er hatte heute noch eine Aufgabe zu erfüllen. Das war keine Zeit für zu viele Gefühle.

Im Grunde war seine Mutter genauso gescheitert wie er. Sie hatte versucht, ihm ein besseres Leben zu ermöglichen oder es ihm zumindest als Ziel zu zeigen. Sie war mit ihm in die Stadt gefahren, hatte ihm fremde Dinge in den Schaufenstern erklärt, ihm gezeigt, was möglich wäre, wenn er sich nur genügend anstrengte. Er war damals erst sieben oder acht Jahre alt, aber sie wollte seinen Ehrgeiz wecken. So schwärmte sie vor einer Bank über das schöne Leben eines Bankangestellten, lobte vor einer Behörde das geregelte und abgesicherte Arbeiten eines Beamten und so weiter, und so weiter. Seinetwegen hatte sie hitzige und laute Streitereien mit dem Vater gehabt. Für den waren das alles Flausen. Er hielt Ehrgeiz sogar für schädlich. »Steht uns nicht zu«, sagte er. »Bin auch ohne ganz gut durchs Leben gekommen. Außerdem schafft der das sowieso nicht! So verstockt, wie der ist.« Irgendwie hatte er das Gefühl, dass seine Mutter nur seinetwegen beim Vater geblieben war. Aber mit der Zeit verblassten die Situationen von damals in seiner Erinnerung mehr und mehr.

Genau erinnern konnte er sich an ihren Tod. Seine Mutter und er waren in der Stadt gewesen, hatten das neue Auto mit Einkäufen beladen und wollten nach Hause fahren. Richtig neu war der Wagen nicht, der gebrauchte Opel Kadett hatte schon fast fünf Jahre auf dem Buckel. Trotzdem war der Kauf dieses Autos der ganze Stolz des Vaters gewesen. Einige Wochen lang war er entgegen seinen Gewohnheiten mit zum Einkaufen gekommen – so hatte er selbst fahren können. Für ihn und seine Mutter waren das keine einfachen Zeiten gewesen. Kein Spaziergang durch die Stadt, kein Eis im Café, keine Erklärungen – nur das Notwendige wurde gekauft. Aber bald hatte bei seinem Vater die alte Bequemlichkeit gesiegt und er war dieses Mal zu Hause geblieben, natürlich nicht, ohne zur Vorsicht zu mahnen (»Passt's mir bloß auf!«) und mit fürchterlichen Konsequenzen zu drohen, falls mit dem Wagen was wäre (»Ich schlag euch alle windelweich!«).

Seine Mutter und er hatten sich auf der Fahrt über seinen Spleen lustig gemacht und gerätselt, was wohl die tatsächlichen Konsequenzen wären. Gewalttätig wurde er nur selten und in betrunkenem Zustand. Danach hatte er sich immer geschämt und entschuldigt. Gemeinsam lachten sie über ihre Angst. Trotzdem fuhr seine Mutter übervorsichtig. War eine Parklücke etwas eng, suchte sie lieber eine größere. Schien ihr an einer Kreuzung der Abstand zum Fahrzeug von rechts etwas klein, wartete sie lieber auf eine größere Lücke, bevor sie losfuhr. Ein paarmal wurde sie sogar angehupt wegen ihrer Fahrweise.

Später hatte er oft darüber nachgedacht, wie groß ihre Angst vor dem Vater wirklich war. Insgeheim hatte er ihm die Schuld am Tod seiner Mutter gegeben. Dann wieder glaubte er den Argumenten der Ärzte, die ein vorher nicht erkanntes Herzleiden festgestellt hatten. Manchmal gab er aber auch sich die Schuld, weil er zu klein war und ihr nicht hatte helfen können – weder gegen seinen Vater noch in der Situation auf dem Parkplatz. Aber was hätte er schon tun können? Es war doch nur ein kleiner Kratzer am Wagen gewesen. Der andere Fahrer war eindeutig schuld, er war viel zu schnell durch die Reihen des großen Supermarktparkplatzes gefahren. Er stritt die Schuld auch gar nicht ab. Aber seine Mutter stieß beim Anblick des Schadens ein herzzerreißendes »Mein Gott! Mein Gott!« hervor, brach zusammen und lag reglos auf dem geteerten Parkplatz. Der andere Fahrer und er standen schweigend – bald umgeben von anderen Gaffern – um seine Mutter herum und wussten nicht, was sie tun sollten. Erst nach einer Ewigkeit holte jemand einen Arzt und einen Rettungswagen. Aber da war seine Mutter schon tot.

Von diesem Ereignis hatte er sich nie mehr erholt. Er hatte es nicht verstehen können. Wurde noch schweigsamer und verschlossener als zuvor. Der Vater und die bald darauf ins Haus ziehende Tante schienen ihm nur unangemessen und viel zu kurz um seine Mutter getrauert zu haben. Nach ein paar Wochen ging alles wieder seinen gewohnten Gang. Der Vater ging zur Arbeit, aß, trank und schlief, ging wieder zur Arbeit, aß, trank und schlief und so weiter, und so weiter. Nur seine Mutter war tot. Er sah sie selbst jetzt noch ausgestreckt, mit dem Gesicht nach unten, auf dem Parkplatz liegen, ein Bild, das immer wieder hervorkam, wenn er das Verdrängen vergaß. Neben seiner toten Mutter stand er, ein kleiner Junge, mit weit aufgerissenen Augen, unfähig, auch nur zu weinen.

Mit diesem Ereignis war der heutige Tag vorgezeichnet. Natürlich hätte er einen besseren Schulabschluss machen können, hätte er im Pflegeheim eine Stelle bekommen können, hätte er den Film über den Briefbomber nie zu Gesicht bekommen müssen, aber alles wäre nur möglich gewesen, wenn seine Mutter bei ihm geblieben wäre und auf ihn aufgepasst hätte. So aber nahmen die Dinge ihren Lauf, ohne Hoffnung, zielgerichtet seinem Ende entgegen.

Spätestens mit der ersten eingeworfenen Briefbombe gab es keinen Weg zurück. Er erinnerte sich genau an den Postkasten auf einem belebten Platz, mehrere Gemeinden von zu Hause entfernt, an seine zitternde Hand, das Geräusch des fallenden Umschlags, Stolz und Erleichterung auf dem Nachhauseweg mit dem Rad. Er erinnerte sich an die vielen vergeblichen Versuche, eine Detonation zu erzeugen, die einsamen Bastelstunden in seinem kleinen Zimmer, die Sprengexperimente auf dieser Wiese, die Mühen, an Feuerwerkskörper zu kommen. Er sah sich angstvoll und ungeschickt in Nachbarhäuser und allein stehende Gehöfte in der Umgebung einbrechen, um an Geld zu kommen. Seine Einkaufstouren, zu Fuß oder mit dem Rad, bis nach Österreich und in die Tschechei hatten manchmal mehrere Tage gedauert. Mit einem Mal war er doch noch herumgekommen – und die vielen Geschichten und Ausreden, die er dafür hatte erfinden müssen!

Er erinnerte sich an jeden Moment. Alles hatte er allein gemacht und dabei nach außen hin den völlig Unbeteiligten gegeben, ferngesehen, viel geschlafen. Ergab sich die Gelegenheit, war er seiner Passion nachgegangen, voll konzentriert und effektiv. Er hatte in seinem Zimmer an neuen Briefbomben gebastelt und seine Fertigkeiten verbessert. Es ging darum, die größte Explosivkraft in möglichst unauffälligen Briefen zu erreichen. Seine ganze Energie hatte er in das Projekt seines Lebens gesteckt. Es sollte sein Leistungsnachweis werden, sollte zeigen, zu was er fähig war, zu was er fähig gewesen wäre – wenn man ihn nur gelassen hätte.

Sein Ende war ihm damals schon klar. Vielleicht war das ja auch das eigentliche Ziel. Noch bevor er die erste Briefbombe auf die Reise schickte, hatte er die Gaskartusche, die jetzt an seinem Körper hing, mit Sprengstoff gefüllt. Er wollte mit möglichst vielen Explosionen möglichst viel Chaos in diesem System erzeugen, das ihn nicht brauchte, zu dem er nicht gehörte, das ihn übersah. Dann würde er sich verabschieden – wie der österreichische Briefbomber im Film. Aber er würde sich nicht erwischen lassen, sondern sich vor seiner Verhaftung in die Luft sprengen.

Jetzt, hier in den letzten Momenten konnte er es sich ja eingestehen – er wollte besser sein als sein Vorbild. Aber das hatte er nicht geschafft. Er hatte es nur auf neun Briefbomben gebracht, dabei nur eine Leichtverletzte hinterlassen und war schon in die Enge getrieben.

Seine Entlarvung und Verhaftung stand unmittelbar bevor. Noch am Vormittag hatte er sich vergewissert, wie hoch die Beteiligung am Massengentest war, den die Polizei zur Ergreifung des Briefbombers durchführte. Trotz ihres Geschimpfes auf die staatliche Willkür waren die meisten zur Speichelentnahme gekommen. Lange Schlangen standen vor der Turnhalle, in der die Tests genommen wurden. Alle Männer zwischen siebzehn und siebzig aus der Großgemeinde – immerhin zweitausenddreihundert – waren schriftlich zum größten Massengentest der bayerischen Geschichte geladen worden – auch er. Niemand hätte am Test teilnehmen müssen. Aber sie hatten nichts zu verbergen und sie wollten nicht in Verdacht geraten. Irgendwie hatte er insgeheim gehofft, dass sie sich mit dem Briefbomber solidarisieren und nicht erscheinen würden. Hatte doch sogar der Vater der Tante erzählt, dass im Wirtshaus viele der Meinung wären, dass es denen dort oben ganz recht geschehe, wenn sie ein wenig Angst vor ihren Untergebenen, dem Volk, hätten. »Der soll ruhig weitermachen. Dann haben sie wieder mehr Respekt vor uns«, hätte einer gesagt. »Die kannst du doch alle in einen Sack stecken und draufhauen – du triffst nie den Falschen.« Trotz der Stammtischreden trotteten sie alle brav zum Test – und lieferten ihn damit seinem Schicksal aus.

Bei einem Einbruch vor zwei Jahren hatte er sich an einer Scheibe geschnitten. Das Blut und die Speichelreste auf einem der Briefumschläge stimmten überein. Die Einbrüche hatte er unvorsichtigerweise alle in seiner Heimatgemeinde begangen. Die Fahndungsschlinge zog sich unaufhaltsam um ihn zusammen. Beim Anblick der Warteschlangen war klar: »Sie werden mich kriegen!«

Er hätte verschwinden, untertauchen können, aber er wollte nicht. Wohin auch? Er wollte seinen Plan zu Ende bringen, das Projekt seines Lebens zu Ende bringen. Seine Ausgrenzung, seine Einsamkeit war nun vollkommen.

Der Vater, die Tante, die Nachbarn, alle, die ihn zu kennen glaubten, würden grenzenlos erstaunt, ungläubig, fassungslos auf sein Ende reagieren. Mit einem Mal würden die begreifen, dass es einen H. gab, der ihnen völlig unbekannt war. Sie würden sich fragen, wie es so weit hatte kommen können, würden über Krankheiten spekulieren und nach einem Auslöser, einem Grund für seinen vermeintlichen Hass suchen. Einen terroristischen Hintergrund würden sie in seinem Fall bald verwerfen. Dazu hatte er zu wenig hinterlassen, zu wenig gesagt und nichts geschrieben. Bei ihm gab es keine »bajuwarische Befreiungsarmee«, keine Bekennerschreiben, keine falsch gelegten Spuren wie damals in Österreich. Die Adressaten seiner Briefbomben hatte er ohne große Hintergedanken aus einem Staatsbürgerhandbuch entnommen, auf das er bei einem seiner Einbrüche gestoßen war. Kein persönliches Motiv, kein aufgestauter Hass steckte dahinter. In diesem Punkt hatte er sich einfach an sein Vorbild gehalten. Er kannte keinen dieser Politiker und Amtsträger und er wollte auch keinen kennenlernen. Sie hatten nichts mit ihm zu tun und er nichts mit ihnen.

Aber nicht nur das würden sie nicht verstehen. Nie würden sie auf die Idee kommen, dass er einfach nur getan hatte, was er mit seinen Möglichkeiten tun konnte. Er hatte sein Leben gelebt, das Leben eines Außenstehenden, Nichtdazugehörenden. Er hatte einfach nicht dazugepasst. Er stand allen nur im Weg und hatte keine Aufgabe in ihrer Welt. Sie würden sich nie vorstellen können, dass er eigentlich ganz ruhig und einsichtig aus seinem Leben schied, dass er ihnen nur aus dem Weg gehen wollte und sich einfach zurückzog, dass er ihnen auf seine Weise sagen wollte: Seht her, jetzt bin ich weg.

Den heimlichen Wettbewerb mit dem österreichischen Briefbomber, dem einzigen auf seiner Seite stehenden Menschen, hatte er verloren. Aber das kümmerte ihn jetzt nicht mehr. Der war ja auch schon tot. Er, für sich, hatte getan, was er konnte. Er hatte allen gezeigt, wozu er fähig gewesen wäre, er hatte eine gewisse Berühmtheit in ihrer Welt erlangt, hatte für kurzzeitige Unruhe in erstarrten und selbstzufriedenen Amtsstuben gesorgt, hatte riesige und teure Polizeiaktionen ausgelöst – was hätte er mehr gekonnt?

Langsam, mit großer Sorgfalt und ohne zu zittern, betätigt er mit der rechten Hand das Feuerzeug, erhebt sich, schiebt die Gaskartusche mit der Linken wieder vor seinen Bauch, blickt mitleidig auf sein Dorf, streckt die kleine Flamme kurz gen Himmel und führt sie dann entschlossen und lächelnd zur Zündvorrichtung.

Eine heftige Explosion schleudert ihn zwei Meter nach hinten gegen den Hang. Er fühlt einen stechenden Schmerz in der Brustgegend. Flammen versperren ihm den Blick aus seinen weit aufgerissenen Augen in den Himmel. Ein letztes Mal hört er sein Herz schlagen. Kein Ich und Ihr mehr.

Alfred Hackensberger, geb. 1959, ist Journalist und Autor. Er lebt in Tanger und arbeitet unter anderem als Korrespondent für die *Welt*. Zuletzt erschien *Letzte Tage in Beirut*.

Jörg Hackeschmidt, geb. 1961, ist promovierter Historiker und arbeitet als Redenschreiber und Referent für Grundsatzfragen im Bundeskanzleramt, Berlin.

Hans Hütt, geb. 1953, ist Politikwissenschaftler. Er schreibt für *FAZ, Freitag, taz* sowie *taz online*. Ab 2009 begleitete er in seinem Blog die ersten Jahre der Präsidentschaft Barack Obamas.

Michael Lind, geb. 1962, ist Publizist und Gründer des Thinktanks »New America« in Washington, D.C. Zuletzt erschien *Land of Promise. An Economic History of the United States.*

Günter Metzges-Diez, geb. 1971, ist Politikwissenschaftler, Erwachsenenpädagoge und Mitgründer des Ökologischen Zentrums in Verden/Aller sowie des Kampagnen-Netzwerkes Campact, in dem er Geschäftsführender Vorstand ist. Zuletzt erschien *NGO-Kampagnen und ihr Einfluss auf internationale Verhandlungen.*

Armin Nassehi, geb. 1960, ist Professor für Soziologie an der Ludwig-Maximilians-Universität München. Zuletzt erschien *Die letzte Stunde der Wahrheit. Warum rechts und links keine Alternativen mehr sind und Gesellschaft ganz anders beschrieben werden muss.*

Birger P. Priddat, geb. 1950, ist Inhaber des Lehrstuhls für Volkswirtschaft und Philosophie an der Universität Witten/Herdecke, außerdem Herausgeber der Zeitschrift *agora42*. Zuletzt erschien *Erwartung, Prognose, Fiktion, Narration. Zur Epistemologie des Futurs in der Ökonomie.*

Stephan Rammler, geb. 1968, ist Gründungsdirektor des Instituts für Transportation Design und Professor für Transportation Design & Social Sciences an der Hochschule für Bildende Künste Braunschweig. Zuletzt erschien *Schubumkehr. Die Zukunft der Mobilität*.

Irmhild Saake, geb. 1965, ist Soziologin an der Ludwig-Maximilians-Universität München. Zuletzt erschien *Ethik – Normen – Werte. Studien zu einer Gesellschaft der Gegenwarten* (zusammen mit Armin Nassehi und Jasmin Siri).

Wolfgang Schröter, geb. 1957, arbeitete nach seinem Studium der Betriebswirtschaft fast 30 Jahren bei namhaften Banken im In- und Ausland. Er beriet deutsche Großunternehmen, Banken und die öffentliche Hand im Kredit- und Kapitalmarktgeschäft, bis er 2010 seiner Branche den Rücken kehrte. Zuletzt erschien *Der große Schulden-Bumerang. Ein Banker bricht das Schweigen*.

Franz Stadler, geb. 1962, ist promovierter Apotheker und Schriftsteller in einer bayerischen Kreisstadt. Der Text stammt aus seinem bisher unveröffentlichten Roman *Die Ansteckung*.

Olaf Unverzart, geb. 1972, studierte Fotografie an der Hochschule für Grafik und Buchkunst Leipzig. Für seine Arbeiten, in vielen Einzel- und Gruppenausstellungen und Publikationen gezeigt, erhielt er zahlreiche Auszeichnungen. Zuletzt erschien *Hundert* (zusammen mit Tobias Haberl).